注塑工厂智能化系统管理

刘卓铭　潘玲玲　张向阳　蔡恒志　等 编著

Intelligent system management
for injection moulding factories

化学工业出版社
· 北京 ·

内容简介

《注塑工厂智能化系统管理》探讨注塑工厂如何通过智能化管理系统提升生产效率、产品质量和企业竞争力。本书共分为七章。第1章概述了注塑工厂智能化管理的重要性，分析了现代注塑企业面临的挑战和发展趋势，以及智能化管理的基本原则和核心技术。第2章讨论了注塑工厂的全面质量管理与目标管理，包括ISO9000标准、塑料零件质量标准、质量目标控制和目标管理策略。第3章着重于设备管理，特别是设备稼动率的管理、注塑机的保养与更新，以及周边设备如模温机、冷热管理系统、料房管理系统等的介绍。第4章介绍了智能化系统管理的内容，包括标准注塑成型工艺、管理制度、现状分析和改善对策。第5章关注现场管理，特别是5S现场管理方法、现场安全等方面。第6章讨论了培训管理，包括注塑工厂培训计划、企业培训方法和培训效果评价。第7章探讨了精益生产，包括时间研究、作业方法研究、零缺陷理念、零库存管理、合理布局和消除过度过量生产等概念。附录部分提供了多种实用表格和指引，如产品质量标准表、作业日报表、纠正和预防措施处理单等，为注塑工厂的实际操作提供了参考。

本书可供注塑生产企业技术管理人员参考。

图书在版编目（CIP）数据

注塑工厂智能化系统管理 / 刘卓铭等编著. -- 北京：化学工业出版社，2024. 10. -- ISBN 978-7-122-46309-8

I. F407.762

中国国家版本馆CIP数据核字第20243QK408号

责任编辑：李玉晖　　　　文字编辑：刘建平　李亚楠　温潇潇
责任校对：李露洁　　　　装帧设计：孙　沁

出版发行：化学工业出版社
　　　　　（北京市东城区青年湖南街13号　邮政编码100011）
印　　刷：北京云浩印刷有限责任公司
装　　订：三河市振勇印装有限公司
710mm×1000mm　1/16　印张8　字数165千字
2025年1月北京第1版第1次印刷

购书咨询：010-64518888　　　　售后服务：010-64518899
网　　址：http://www.cip.com.cn
凡购买本书，如有缺损质量问题，本社销售中心负责调换。

定　　价：58.00元　　　　　　　　版权所有　违者必究

《注塑工厂智能化系统管理》编审人员

刘相尚	刘卓铭	潘玲玲	蔡恒志
谢小斯	张向阳	刘莹莹	陈国强
邓毅明	张东旭	戚子沛	符智波
张亚军	张 均	胡 波	孙珍珍
郑添烁	汲生武	郑桂林	肖伟雄
谭银香	陆孝星	符雪辉	杨丽双
梁振进	符 岸	马广兴	叶 能
陈南山	谢于锰	罗志雄	张国忠
张 涛	周胜武	董相龙	杨华锋
王文广	周 刚	罗超云	陈同德
李 青	逄鹏博	严厚明	李 花
秦志红	黄植荣	黄卫杨	吴 衡
张春华	陈绪明	梁成就	张绍仲
岳浩男	李富山	丁 文	梁焜明
蒋文艺	刘堃铨	刘晓红	刘 阳
刘 洋	石海水	杨建宏	梁焕彬
卢 璐	王慧凯	李 涛	徐晓文
邱 歌	苏俭明		

前 言

注塑生产可见于电子电器、汽车、交通、医疗器械、家居、家电、日用消费品、航空航天、建筑材料、容器包装、运动户外、纺织服装等诸多领域，用于加工塑料件。注塑生产企业的决策者都在关注的是如何提升注塑部门的效率、减少材料浪费、激发员工潜能。然而，一项深入的调查显示，企业决策者们大都并不了解注塑部生产的现实情况，不知道现在注塑部的效率是多少、材料利用率多高……甚至注塑主管或经理，也往往对生产效率、材料利用率等关键指标缺乏准确的把握，更多的是依靠直觉和经验进行判断。

注塑成型生产现场普遍在以下七个方面存在问题：缺陷、过量生产、运输、等待、库存、多余动作、过度加工。这些问题的存在，无疑对生产效率和材料利用率构成了巨大的挑战。

本书将深入探讨注塑生产现场管理的有效方法，旨在为实现注塑生产的高效率、经济性提供有力支持。随着数字化工厂的兴起，工业互联网、物联网、大数据分析、人工智能等技术的融合与创新，正在引领制造业转型升级的新潮流。很多制造业企业已经开始实施数字化工厂战略，其中不乏各行业的领军企业。

数字化工厂中，工业互联网和物联网技术扮演着至关重要的角色。通过大量传感器和设备的部署，实现了对生产环境的实时监控和数据采集。这些数据经过大数据分析和人工智能技术的处理，为企业提供精准的生产调度、质量控制和预测维护等解决方案。

在过去的几十年里，注塑行业经历了翻天覆地的变化。随着管理制度的革新和技术的进步，我们目睹了工厂管理水平的显著提升，尤其是数字化工厂的兴起，标志着一个新时代的到来。工业互联网、大数据分析、人工智能等前沿技术，不再是抽象的概念，而是已经渗透到生产实践中，为注塑生产的发展注入了新的活力。

现代工厂管理开始越来越多地依赖于互联网、机械化、智能化和自动化。曾经依赖人工操作的现场，正逐渐被智能系统所取代。数字化工厂的发展，不仅优化了生产流程，还通过大量传感器实现了实时控制、数据采集和分析，使得生产管理更加精准、高效。

然而，数字化工厂的发展也面临着诸多挑战。首先，技术更新换代的速度快，要求企业不断投入研发，跟上技术发展的步伐。其次，数字化工厂的建设需要大量的资金投入，包括硬件设备、软件系统、人才培养等方面的投入，这对企业的经济实力提出了较高的要求。此外，数字化工厂的运行需要高度依赖网络和数据安全，如何保障信息安全和保护数据隐私成为了一个亟待解决的问题。

面对这些挑战，企业需要制定合理的发展战略，积极应对。一方面，企业可以加强与高校、科研机构的合作，共同研发新技术、新产品，提升企业的核心竞争力；另一方面，企业可以通过引入外部资金、优化融资结构等方式，缓解资金压力；同时，企业还需要加强信息安全和数据隐私保护，确保数字化工厂的稳定运行。

本书在现代工厂数字化转型的背景下，旨在为注塑工厂提供一套系统化的智能化管理方案，帮助企业实现生产流程的自动化、信息化和智能化，从而提升整体运营效率和市场竞争力。本书编写得到相关行业协会和企业的大力支持。广东省塑料工业协会、中国铸造协会、中国塑料加工工业协会、深圳高分子行业协会等，以及力劲科技集团有限公司、中山力劲塑机有限公司等，为本书提供了丰富的新内容、相关案例和现场数据。感谢在百忙之中为本书做出相关贡献的新企业。感谢为本书提供支持和帮助的北京化工大学、华南理工大学、深圳大学的专家以及其他同行。

鉴于编著者水平有限，书中不妥之处在所难免，诚挚欢迎广大读者提出宝贵的意见和建议，以期不断完善和提高。

编著者

目　录

附　录

参考文献　　　　　　　118

第 1 章
概　述

1.1　注塑工厂的智能化管理

注塑工厂的管理是一个系统工程，如果管理工作不到位，就会出现生产效率低、不良率失控、原材料损耗大、经常性的批次报废或客户退货、模具问题影响正常生产、不能按期交货及安全生产事故等问题。一位注塑同行说："注塑厂能不能赚钱，实际上看的就是生产过程的控制和管理，管理到位了，注塑机就是印钞机，如果管理不到位，注塑机就成了烧钱机。""通过管理出效益"在注塑工厂效果非常明显。现代注塑生产企业正由劳动密集型转向技术密集型，由手工作坊式迈向自动化生产模式。然而目前国内很多企业的注塑生产仍停留在劣质、低效、高耗的落后生产管理模式上，习惯于跟着"问题"后面跑，这已成为企业发展的瓶颈。

国内注塑企业的管理现状是：很多注塑企业都是从作坊式的生产发展而来，虽然企业为了承接订单，通过了ISO9000甚至TS16949的认证，但由于缺乏管理基础和优秀的管理人才，离现代先进的注塑生产管理还有很大的差距。具体表现如下。

① 缺乏先进的管理流程和相应的管理制度。大量的管理工作还是以"人治"的方式为主。

② 工程技术管理落后，凭经验做事，只是"know how"，不能"know why"。一旦碰到新的问题，就束手无策了，不断地试模和改模，不断地调整工艺，仍然达不到要求。

③ 生产过程的控制很差，企业TQC（全面质量控制）的控制能力弱，延期交货、报废、退货现象严重。

④ 缺乏量化的管理机制和管理工具，凭感觉做判断，或者客户不满时才发现问题，缺乏自我完善的管理机制。

⑤ 不重视模具和设备的保养和维护。

⑥ 一味考虑接订单，缺乏风险管理意识。

⑦ 基础管理工作薄弱，又缺乏必要的培训体系和机制。

⑧ 人员不稳定，员工流动现象严重。

这种落后的管理现状，导致企业经营产生的不良后果具体如下。

① 人员职责不明确，即使明确了，也缺乏检查和监督机制，对当事人的工作是否做到位也一无所知。管理者只能每天疲于奔命，处理不断出现的各种问题。

② 机构臃肿，工作效率低，无法评估员工的工作绩效。

③ 设备利用率低，不合格品多，浪费大。人工费、电费高，原料损耗大，成本失控。

④经常出现模具损坏现象，导致生产计划不能按期完成。

⑤ 物料管理混乱，经常出现缺货，导致客户不满意，或者多生产造成库存积压导致浪费。

⑥ 生产质量不稳定，经常出现批次退货、交货延期现象。

⑦ 没有量化的管理数据。订单已经交货了多少？库存成品及在制品数量有多少？每天生产数量是多少？原料耗用情况如何？库存还有多少原材料？各种不合格品

的比例是多少?本月应该与客户结算金额是多少?制品的成本是多少?……,企业管理者不清楚以上数据,或者花费大量的人力去统计分析,得到的数据又不准确。

⑧ 大量的应收款及坏账,造成企业经营出现严重困难,甚至由此而关门。

⑨ 员工没有进步和提高,人员流动大,影响正常生产。

企业发展的内在需求与所面临的问题见图1-1。

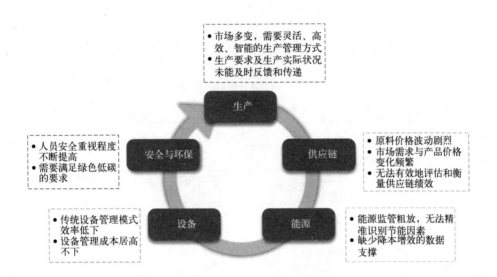

图1-1 企业发展的内在需求与所面临的问题

注塑工厂需要智能化管理,而这又依托于数字化工厂的发展。当前数字化工厂的发展水平已经取得了显著的进步。

在工厂智能化管理中,工业互联网和物联网技术发挥着至关重要的作用。通过部署大量的传感器和设备,工厂智能化管理能够实现对生产环境的实时监控和数据采集。这些数据经过大数据分析和人工智能技术的处理,可以为企业提供精准的生产调度、质量控制和预测维护等解决方案。例如,某知名汽车制造企业通过数字化工厂的建设,实现了生产线的智能化升级,生产效率提高了30%,同时减少了20%的能源消耗。图1-2为某SCADA(数据采集与监视控制系统)车间网络结构图。

云计算和边缘计算技术也为工厂智能化管理的发展提供了强大的支持。通过云计算平台，企业可以实现对海量数据的存储、处理和分析，从而挖掘出更多有价值的信息。而边缘计算技术则可以在生产现场实现数据的实时处理和响应，提高生产过程的灵活性和效率。

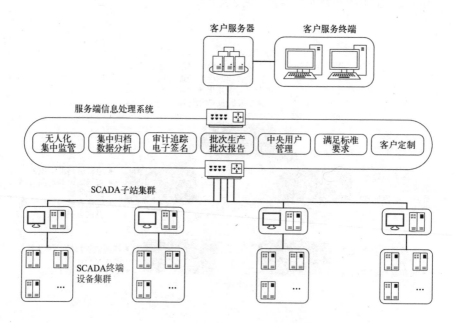

图1-2　SCADA车间系统网络结构图

1.2　注塑工厂智能化管理的基本原则

实现注塑工厂的智能化管理是一个全面而深入的过程，它要求对工厂运营的各个方面进行细致的规划和优化。以下是一些基本原则，用于指导注塑工厂实现智能化管理。

（1）劳动分工原则

劳动分工属于自然规律，劳动分工不只适用于技术工作，而且也适用于管理工作，应该通过分工来提高管理工作的效率。劳动分工有一定的限度，不应超越这些限度。

（2）权力与责任相符原则

有权力的地方，就有责任。责任是权力的孪生物，是权力的当然结果和必要补充。这就是著名的权力与责任相符的原则。要贯彻权力与责任相符的原则，就应该有有效的奖励和惩罚制度，鼓励有益的行动，制止有害的行动。实际上，这就是权、责、利相结合的原则。

（3）纪律原则

纪律应包括两个方面，即企业与下属人员之间的协定和人们对这个协定的态度及对协定遵守的情况。纪律是一个企业兴旺发达的关键，没有纪律，任何一个企业都不能兴旺繁荣。制定和维持纪律最有效的办法是：好的各级领导，保证尽可能明确而又公平的协定，合理执行惩罚。因为纪律是领导人造就的，无论哪个社会组织，其纪律状况都主要取决于领导人的道德状况。

（4）统一指挥原则

统一指挥是一个重要的管理原则，按照这个原则，一个下级人员只能接受一个上级的命令。如果两个领导人同时对同一个人或同一件事行使他们的权力，就会出现混乱。在任何情况下，都不会有适应双重指挥的社会组织。与统一指挥原则有关的还有下一个原则，即统一领导原则。

（5）统一领导原则

统一领导原则讲的是一个下级只能有一个直接上级。它与统一指挥原则不同，这两个原则之间既有区别又有联系。统一领导原则讲的是组织机构设置的问题，即在设置组织机构的时候，一个下级不能有两个直接上级。而统一指挥原则讲的是组织机构设置以后运转的问题，即当组织机构建立起来以后，在运转的过程中，一个下级不能同时接受两个上级的指令。

（6）个人利益服从整体利益的原则

坚持这个原则的办法是：

① 领导人的坚定性和好的榜样；

② 尽可能签订公平的协定；

③ 认真地监督。

（7）人员的报酬原则

人员报酬首先取决于生活费用的高低、可雇人员的多少、业务的一般状况、企业的经济地位等，然后再看人员的工作能力，最后看采用的报酬方式。首先要考虑的是维持职工的最低生活消费和企业的基本经营状况，这是确定人员报酬的一个基本出发点。在此基础上，再根据职工的劳动贡献来决定采用适当的报酬方式。不管采用什么报酬方式，都应该能做到以下几点：

① 能保证报酬公平；

② 能奖励有益的努力和激发热情；

③ 不应导致超过合理限度的过多的报酬。

（8）集中的原则

它指的是组织的权力的集中与分散的问题。集中或分散的问题是一个简单的尺度问题，问题在于找到适合于该企业的最合适程度。在小型企业中，可以由上级领导者直接把命令传到下层人员，所以权力就相对比较集中；而在大型企业里，在高层领导者与基层人员之间，还有许多中间环节，因此，权力就比较分散。影响一个企业的权力是集中还是分散的因素有两个：一个是领导者的权力；另一个是领导者对调动下级人员积极性的态度。

（9）等级制度原则

等级制度就是从最高权力机构直到低层管理人员的系列。而贯彻等级制度的原则就是要在组织中建立一个不中断的等级链，这个等级链说明了两个方面的问题：一是它表明了组织中各个环节之间的权力关系，通过这个等级链，组织中的成员就可以明确谁可以对谁下指令，谁应该对谁负责；二是这个等级链表明了组织中信息传递的路线，即在一个正式组织中，信息是按照组织的等级系列来传递的。贯彻等级制度原则，有利于组织加强统一指挥原则，保证组织内信息联系的畅通。但是，一个组织如果严格地按照等级系列进行信息的沟通，则可能由于信息沟通的路线太长而使得信息联系的时间长，同时容易造成信息在传递的过程中失真。

（10）秩序原则

秩序原则包括物品的秩序原则和人的社会秩序原则。物品的秩序原则是指每一件物品都有一个最适合它存放的地方。贯彻物品的秩序原则就是要使每件物品都在它应该放的位置上。

人的社会秩序原则是指每个人都有他的长处和短处，贯彻人的社会秩序原则就是要确定最适合人的能力发挥的工作岗位，然后使每个人都在最能使自己的能力得到发挥的岗位上工作。为了能贯彻秩序原则，首先要对企业的社会需要与资源有确切的了解，并保持两者之间经常的平衡；同时，要注意消除任人唯亲、偏爱徇私、野心奢望和无知等弊病。

（11）公平原则

应把公平与公道区分开来，公道是实现已订立的协定，但这些协定不能什么都预测到，要经常地说明它，补充其不足之处。为了鼓励企业中的人员全心全意履行职责，应该以善意来对待他。公平就是由善意与公道产生的。也就是说，贯彻公道原则就是要按已定的协定办。但是在未来的执行过程中可能会因为各种因素的变化使得原来制定的"公道"的协定变成"不公道"的协定，这样一来，即使严格地贯彻公道原则，也会使职工的努力得不到公平的体现，从而不能充分地调动职工的劳动积极性。因此，在管理中要贯彻公平原则。所谓公平原则就是公道原则加上善意地对待职工。也就是说在贯彻公道原则的基础上，还要根据实际情况对职工的劳动表现进行善意评价。当然，在贯彻公平原则时，还要求管理者不能忽视任何其他原则，不忘掉总体利益。

（12）人员的稳定原则

一个人要适应他的新职位，并做到能很好地完成他的工作，这需要时间。这就是人员的稳定原则。按照人员的稳定原则，要使一个人的能力得到充分发挥，就要使他在一个工作岗位上相对稳定地工作一段时间，使他能有一段时间来熟悉自己的工作，了解自己的工作环境，并取得别人对自己的信任。但是人员的稳定是相对的而不是绝对的，生病、退休、离职、转岗等都会造成企业中人员的流动。因此，人员的稳定是相对的，而人员的流动是绝对的。对于企业来说，就要掌握人员的稳定和流动的合适的度，以利于企业中成员能力得到充分发挥。

（13）首创精神

想出一个计划并保证其成功是一个聪明人的快乐之一，这也是人类活动有力的刺激物之一。这种发明与执行的可能性就是人们所说的首创精神。建议与执行的自主性也都属于首创精神。人的自我实现需求的满足是激励人们的工作热情和工作积极性的最有力的刺激因素。对于领导者来说，要有分寸地、积极地激发和支持大家的首创精神。当然，纪律原则、统一指挥原则和统一领导原则等的贯彻，会使得组织中人们的首创精神的发挥受到限制。

（14）团队精神

管理者需要确保并提高劳动者在工作场所的士气，个人和集体都要有积极的工作态度。为了加强组织的团结，在组织中要少用书面联系。在处理一个业务问题时，当面口述要比书面联系快，并且简单得多。另外，一些冲突、误会可以在交谈中得到解决。在团队中，每个人都有他自己的位置，每个人都在他自己的位置上。团结就是力量。

1.3　数字化注塑工厂的核心技术

（1）工业互联网与物联网技术

工业互联网与物联网技术在数字化注塑工厂中发挥着至关重要的作用。随着技术的不断进步，工业互联网平台正逐渐成为连接设备、人员和服务的关键纽带，为制造业带来前所未有的变革。工业互联网平台通过集成传感器、云计算、大数据分析和人工智能等技术，实现了设备之间的互联互通，以及数据的实时采集、分析和优化。这不仅提高了生产效率，还降低了运营成本，为制造业的可持续发展注入了新的活力。

工业互联网平台通过连接生产线上的各种设备，实现了对生产过程的实时监控和调度。当某个设备出现故障时，平台能够迅速识别并发出警报，通知维修人员及时进行处理。这不仅避免了生产线的停滞，还降低了设备故障对生产进度的影响。同时，通过对生产数据的分析，企业还能够发现生产过程中的瓶颈和问题，从而进行针对性的改进和优化。

物联网技术则是实现设备互联互通的关键。通过在设备上安装传感器和执行器，物联网技术能够实时采集设备的运行状态和生产数据，并将这些数据传输到工业互联网平台进行分析和处理。这种技术的应用不仅提高了数据的准确性和实时性，还为企业的决策提供了有力的数据支持。

有人说："工业互联网与物联网技术的结合，将推动制造业实现数字化转型，为企业带来前所未有的竞争优势。"这种竞争优势不仅体现在生产效率和成本上，更体现在企业的创新能力和市场竞争力上。随着技术的不断进步和应用范围的扩大，工业互联网与物联网技术将在数字化注塑工厂中发挥更加重要的作用，为制造业的未来发展注入新的动力。

（2）大数据分析与人工智能技术

在数字化注塑工厂的未来发展中，大数据分析与人工智能技术将起到至关重要的作用。随着制造业的数字化转型，海量的数据不断产生，如何有效地利用这些数据成为了制造业面临的重要挑战。大数据分析技术可以帮助企业从海量数据中提取有价值的信息，发现隐藏在数据背后的规律和趋势，为企业的决策提供支持。

与此同时，人工智能技术则能够进一步提升数据分析的效率和准确性。通过机器学习、深度学习等技术，人工智能可以自动地对数据进行处理和分析，发现数据中的模式，并预测未来的趋势。这种预测能力对于数字化注塑工厂来说至关重要，它可以帮助企业提前发现潜在的问题，优化生产流程，提高生产效率。

通过引入大数据分析和人工智能技术，可以实现生产线的智能化管理。通过对生产线上的各种传感器数据进行实时分析，系统能够预测设备的维护需求，提前进行维护，避免了生产中断。同时，系统还能够根据市场需求和生产计划，自动调整生产线的生产节奏，实现了高效的生产管理。

正如阿尔文·托夫勒所说："谁掌握了信息，控制了网络，谁就拥有整个世界。"在数字化注塑工厂的未来发展中，大数据分析与人工智能技术将成为企业掌握信息、提升竞争力的重要工具。随着技术的不断进步和应用场景的不断拓展，大数据分析与人工智能技术将在数字化注塑工厂中发挥更加重要的作用，推动制造业实现智能化、高效化和可持续发展的目标。

（3）云计算与边缘计算技术

在数字化注塑工厂的未来发展中，云计算与边缘计算技术将起到至关重要的作用。随着制造业对数据处理和分析的需求日益增长，云计算以其强大的计算能力和灵活的资源分配机制，为数字化注塑工厂提供了高效、可靠的解决方案。通过云计算，工厂可以实时收集、存储和分析生产数据，实现生产过程的优化和监控。例如，利用云计算平台，工厂可以实现远程监控和故障诊断，及时发现和解决生产中的问题，提高生产效率和产品质量。

与此同时，边缘计算技术也在数字化注塑工厂中发挥着越来越重要的作用。边缘计算通过在设备端进行数据处理和分析，可以极大地降低数据传输的延迟，提高数据处理的实时性。在制造业中，许多生产过程对实时性要求极高，如自动化生产线、质量检测等。通过边缘计算，工厂可以在设备端实时处理和分析数据，及时发现生产中的异常情况，并采取相应措施进行调整，从而确保生产过程的稳定性和连续性。

云计算与边缘计算技术的结合，为数字化注塑工厂带来了前所未有的发展机遇。通过云计算平台的大数据处理能力，工厂可以对生产数据进行深度挖掘和分析，发现生产过程中的潜在问题和改进空间。而边缘计算技术则可以在设备端实时处理和分析数据，为生产过程提供及时的反馈和调整。这种结合不仅可以提高生产效率和产品质量，还可以为工厂带来更高的灵活性和可扩展性。

例如，某知名汽车制造商采用云计算与边缘计算技术相结合的方案，实现了生产过程的数字化和智能化。通过云计算平台，工厂可以实时收集和分析生产数据，发现生产过程中的瓶颈和问题，并采取相应措施进行调整。通过边缘计算技术，工厂可以在设备端实时处理和分析数据，及时发现生产中的异常情况，并采取相应措施进行调整。这种结合不仅提高了该工厂的生产效率和产品质量，还为其带来了更高的灵活性和可扩展性。

正如业界专家所指出的那样：云计算与边缘计算技术的结合，将为数字化注塑工厂带来革命性的变革。随着技术的不断发展和进步，我们有理由相信，云计算与边缘计算技术将在数字化注塑工厂的未来发展中发挥更加重要的作用，为制造业的转型升级提供强有力的支撑。

1.4 注塑工厂智能化管理的发展趋势

随着第四次工业革命的深入发展，工厂智能化管理的技术创新正日益突显出其重要性。其中，工业互联网与物联网技术的融合应用，为注塑工厂提供了全新的生产模式和管理方式。注塑工厂通过智能化管理实现设备间的互联互通，能够实时监控生产线的运行状态，提高生产效率和产品质量。

在大数据分析与人工智能技术的推动下，注塑工厂管理正逐步实现智能化决策。通过对海量生产数据的挖掘和分析，工厂能够精准预测市场需求，优化生产计划，降低库存成本。图1-3为大数据集成与流转示意图。

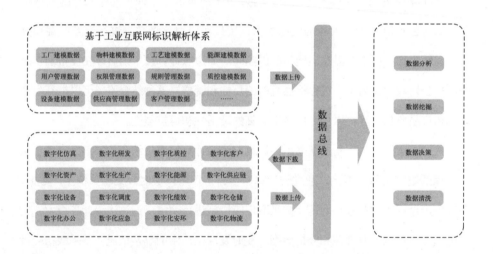

图1-3 大数据集成与流转示意图

云计算与边缘计算技术的结合，为工厂智能化管理提供了强大的计算能力和低延迟的数据处理服务。注塑工厂通过智能化管理部署边缘计算节点，能够实时处理生产线上的数据，确保生产过程的顺畅进行。同时，云计算平台为注塑工厂提供了弹性的资源扩展能力，满足生产高峰期的需求。

技术创新不仅推动了注塑工厂智能化管理的发展，也为制造业带来了深刻变革。正如德国工业4.0战略所指出的，工厂智能化管理是实现智能制造的关键所在。通过整合工业互联网、大数据、云计算等技术，注塑工厂智能化管理将推动制造业向更高效、更智能、更可持续的方向发展。

在智能化方面，注塑工厂智能化管理将利用人工智能技术对生产数据进行深度分析，实现生产过程的自动化决策和优化。例如，通过机器学习算法，工厂可以预测设备故障并提前进行维修，减少生产中断的风险。此外，注塑工厂还可以利用智能化管理技术优化生产计划，提高生产效率和产品质量。

在高效化方面，注塑工厂智能化管理将借助物联网技术实现设备之间的互联互通，实现生产资源的优化配置。通过实时监控生产数据，工厂可以及时发现生产瓶颈并进行调整，提高生产效率。此外，工厂还可以利用云计算和边缘计算技术实现生产数据的快速处理和存储，为生产决策提供有力支持。

在可持续发展方面，注塑工厂智能化管理可以促进环保和节能。通过优化生产流程和减少能源消耗，工厂可以降低生产成本并减少对环境的影响。此外，注塑工厂还可以利用智能化管理技术评估生产过程中的环境影响，为企业的可持续发展提供决策依据。

注塑工厂在制造业中的未来发展更加注重智能化、高效化和可持续发展。通过集成先进技术和优化生产流程，注塑工厂智能化管理将为企业带来更高的生产效率和更好的环境效益。随着技术的不断进步和应用范围的扩大，工厂智能化管理将成为制造业转型升级的重要方向。

1.5 智能化注塑工厂在制造业的应用

智能化注塑工厂在现代制造业中的应用成为趋势，为传统行业注入了新的活力和效率。注塑制造作为塑料制品的主要生产方式，其产品涉及汽车、家电、消费电子、医疗用品等多个领域，生产过程包含熔融塑料的注射、成型、冷却等多个环节。智能化注塑工厂通过融合工业互联网、物联网、大数据分析和人工智能等前沿技术，实现了生产过程的自动化和智能化。

就智能化注塑工厂而言，通过实时数据分析和预测，工厂能够精确控制原料的供应和注塑机的运行参数，优化生产计划和流程。利用物联网技术，工厂能够对注塑机的状态进行实时监控，自动调整工艺参数，确保产品质量的稳定性，及时发现并解决生产过程中的问题。这不仅提升了生产效率，还显著减少了能源消耗和材料浪费。

智能化注塑工厂还推动了制造业的可持续发展。通过大数据分析市场需求，工厂能够避免过量生产，减少资源浪费。同时，智能化技术的应用有助于优化能源消耗，减少碳排放，实现环保生产。

智能化注塑工厂的应用还促进了整个产业生态的转型。通过工业互联网平台，供应链管理变得更加透明和高效，加强了供应商、生产商和客户之间的协同合作。这不仅提高了整个产业链的抗风险能力，还为市场提供了更快速、更个性化的产品和服务。

正如经济学家熊彼特所强调的，创新是推动经济发展的关键因素。智能化注塑工厂的兴起正是制造业创新的体现，它不仅改变了注塑行业的生产模式，还为整个制造业的转型升级提供了新的动力和方向。通过不断技术创新和管理优化，智能化注塑工厂将引领制造业走向更加智能、高效和绿色的未来发展。

1.6 智能化注塑工厂对产业生态的影响

智能化注塑工厂对供应链的影响深远且多维度。随着物联网、大数据和人工智能等技术的广泛应用，智能化注塑工厂实现了生产过程的透明化和智能化，这不仅提高了生产效率，还使得供应链更加灵活和响应迅速。例如，通过实时数据分析，智能化注塑工厂可以预测生产需求，提前调整供应链策略，减少库存积压和缺货现象。据研究，智能化注塑工厂的应用可使供应链的反应时间缩短30%以上，大大提高了供应链的敏捷性和竞争力。

智能化注塑工厂还通过优化生产计划和调度，实现了供应链的精益管理。传统的供应链管理模式往往依赖于人工经验和手工操作，难以应对复杂多变的市场需求。而智能化注塑工厂通过集成生产、物流、销售等多个环节的数据，实现了供应链的协同和优化。这不仅降低了运营成本，还提高了供应链的可靠性和稳定性。据统计，智能化注塑工厂的应用可使供应链的成本降低15%以上，同时提高供应链的准时交货率20%以上。

此外，智能化注塑工厂还促进了供应链的可持续发展。通过优化生产流程和减少浪费，智能化注塑工厂不仅降低了企业的运营成本，还减少了对环境的影响。例如，智能化注塑工厂可以通过智能调度和能源管理，实现能源的高效利用和减少排放。同时，智能化注塑工厂还可以通过供应链协同，推动供应商和合作伙伴共同实现可持续发展目标。正如彼得·德鲁克所说："管理是一种实践，其本质不在于'知'，而在于'行'。"智能化注塑工厂正是将"知"与"行"相结合，为供应链的可持续发展注入了新的活力。

智能化注塑工厂对供应链的影响体现在提高供应链的敏捷性、降低运营成本、增强供应链的可靠性和稳定性以及促进可持续发展等多个方面。随着智能化注塑工厂技术的不断发展和应用推广，相信未来的供应链将更智能、更高效和更可持续。

第2章
注塑工厂全面质量管理与目标管理

2.1 ISO9000 与全面质量管理

ISO9000是一套由国际标准化组织（ISO）制定的国际标准，它为全球各类组织提供了一个质量管理和质量保证的框架。这些标准旨在帮助组织通过有效的质量管理体系（QMS）来提高产品和服务的质量，确保满足客户需求和法规要求，同时促进组织的持续改进和成功。图2-1为ISO9000标志。

获得ISO9000认证的组织能够展示其对质量管理的承诺，增强客户和市场对自身的信任。这种认证不仅有助于提高组织的信誉，还能够带来实际的商业优势，如提高客户满意度、增加市场份额和改善财务表现。

ISO9000系列标准为组织提供了一套全面的质量管理工具和方法，帮助

图2-1 ISO9000 标志

它们在竞争激烈的市场中保持竞争力。通过实施这些标准，组织能够建立起以客户为中心的思维方式，持续改进运营，最终实现质量卓越的目标。

质量：客体的一组固有特性满足要求的程度。

从定义看，质量就其本质来说是一种客观事物具有某种能力的属性，由于客观事物具备了某种能力，才可能满足人们的需要。这种"需要"由两个层次构成。第一层次的"需要"是产品或服务的"适用性"，即产品和服务必须满足规定或明确存在的需要，此时，"需要"可以是技术规范中规定的要求，也可能是在技术规范中未注明，但用户在使用过程中明确存在的需求。第二层次的"需要"是产品或服务的"符合性"，即组织、用户和其他相关方的惯例或一般做法，所考虑的需求或期望是不言而喻的。第二层次是在第一层次的前提下实现的。比如，标准中没有明确规定某类要求，组织应根据自身产品的用途和特性进行识别，并做出规定。这种"需要"是动态的、变化的、发展的和相对的，它随时间、地点、对象和社会环境的变化而变化。质量就是产品特征和特性的总和。"需要"可以通过产品的质量加以表征，转化成有指标的特征和特性，从而实现对"需要"的衡量。全部符合特征和特性要求的产品，就是满足用户需要的产品，就是质量好的产品。另外，质量的定义中所说"客体"是指可单独描述和研究的事物，它可以使活动、过程、产品、组织、体系以及人组合在一起。

从以上分析可知，企业只有生产出用户需要的产品，才能占领市场。而就企业内部来讲，企业又必须要生产符合质量特征和特性指标的产品。所以，企业除了要研究产品的适用性之外，还要研究产品的符合性。

高质量的12个特征如下。

① 管理者着迷于质量。质量是从感情上的依恋开始的，没有"如果""那么"或"但是"可言。

② 有一套思想体系或思想方法作为指导。

③ 质量是可以衡量的。

④ 高质量要受到奖励。

⑤ 每个员工都应在技术上受到培训，以便评估质量。质量，始于培训，终于培训。

⑥ 利用包含跨职能部门或跨系统的团队。必须从思想认识上把管理哲学从敌对转移到合作上来。

⑦ 小的就是美的。

⑧ 提供不断的刺激。创造无止境的霍桑效应；质量革命是一场关注琐碎细节的战争。

⑨ 建立一个致力于质量改进的平行组织结构——"影子质量组织"。

⑩ 人人都发挥作用，尤其是供应商，但销售商与客户也同样必须是质量改进过程的一部分。

⑪ 质量上升会让成本下降，改进质量是降低成本的关键所在。

⑫ 质量改进永无止境。每件产品或服务，每天都是相对地变好或变坏，但绝不会停滞不前。

我们要形成这样一种意识，好的质量是设计、制造出来的，不是检验出来的，全面质量管理是全社会、全员、全过程的质量管理。

ISO9000与全面质量管理TQM（total quality management）的差异：首先，期间目标不一致。TQM质量计划管理活动的目标是改变现状。其作业只限于一次，目标实现后，管理活动也就结束了，下一次计划管理活动，虽然是在上一次计划管理活动结果的基础上进行的，但绝不是重复与上次相同的作业。而ISO9000质量管理活动的目标是维持标准现状。管理活动是重复相同的方法和作业，使实际工作结果与标准值的偏差量尽量减少。其次，工作中心不同。TQM以人为中心，ISO9000以标准为中心。再次，两者执行标准及检查方式不同。实施TQM企业所制定的标准是企业结合其自身特点制定的自我约束的管理体制，检查方主要是企业内部人员，检查方法是考核和评价（方针目标讲评、质量控制QC小组成果发布等）。ISO9000系列标准是国际公认的质量管理体系标准，它是供世界各国共同遵守的准则。贯彻该标准强调的是由公正的第三方对质量体系进行认证，并接受认证机构的监督和检查。

TQM是一个企业达到长期成功的管理途径，但成功地推行TQM必须达到一定的条件。对大多数企业来说，直接引入TQM有一定的难度。而ISO9000则是质量管理的基本要求，它只要求企业稳定组织结构、确定质量体系的要素和模式。贯彻ISO9000系列标准和推行TQM之间不存在分明的界限，把两者结合起来，才是现代企业质量管理深化发展的方向。

PDCA循环如图2-2所示。

第一个阶段称为计划阶段，又叫P阶段。这个阶段的主要内容是通过市场调查、用户访问、了解国家计划指示等，搞清楚用户对产品质量的要求，确定质量政策、质量目标和质量计划等。第二个阶段为执行阶段，又称D阶段。这个阶段是实施P阶段所规定的内容，如根据质量标准进行产品设计、试制、试验，其中包括计划执行前的人员培训。第三个阶段为检查阶段，又称C阶段。这个阶段主要是在计划执行过程中或执行之后，检查执行情况是否符合计划的预期结果。第四阶段为处理阶段，又称A阶段。主要是根据检查结果，采取相应的措施。四个阶段循环往复，没有终点，只有起点。

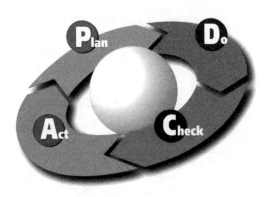

图2-2　PDCA循环示意图

质量管理五要素如下。

人：与质量相关的全过程人员。

机：生产过程设备。

料：生产材料及辅助材料。

法：生产方法，生产过程的方法工艺。

环：生产环境。

2.2 塑料零件质量标准

既然产品质量是产品的适用性，那么人员和环境不同，质量要求就存在差异，而在真正的生产过程中不可能执行人人各一的质量标准，况且产品到后期工序、客户时，标准要求又不一样怎么办？根据公司市场定位、产品适用性范围等，每个公司其实都有基本一致认可的产品质量标准范围。质量标准一般由品质工程师根据客户要求制作（见附录一）。图2-3为控制注塑产品质量主要措施。

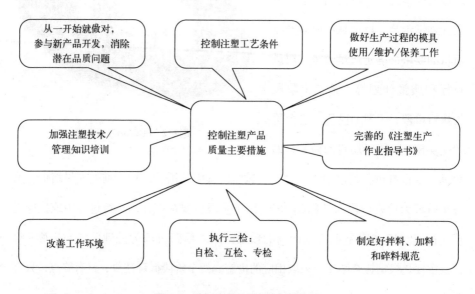

图2-3 控制注塑产品质量主要措施

2.3 质量目标与控制

注塑工厂质量目标一般有两个意思：交货合格率和良品率。要达成质量目标，首先得知道工厂现阶段实际的合格率和良品率。注塑工厂合格率和良品率的统计其实非常简单。

$$交货合格率=\frac{合格品批量}{总批量}$$

$$良品率=\frac{产品良品数}{机器机头数×型腔数}$$

交货合格率在工厂内指的是批合格率，指每月或每周交货合格品批数与总交货批数之比，而良品率是每台机每班生产合格率的统计。一般来说，根据统计工作量，玩具生产业因为产品重量较小、生产周期快、单件价值低、材料回收率高而选择交货合格率为质量目标，而电器生产大多数会统计每一个产品不良损耗，使用良品合格率作为质量目标。

企业质量目标一经制定，就要考虑如何实施，我们需要对其进行展开，从而使质量目标纵到底、横到边、千斤重担大家挑，人人肩上有指标。将质量目标分解落实到各职能部门和各级人员，使质量目标更具有操作性，同时，各部门、各级人员只有明确了自己的质量目标，知道了努力的方向，明白了应该干什么、什么时候干、怎样去干、干到什么程度，才能够充分调动其积极性，以确保质量目标的完成。质量目标层层展开以后，各级目标的实现也就保证了企业总质量目标的实现。

质量目标展开后，具体负责实施的负责人，对每项质量目标应编制实施计划或实施方案。在活动计划书或措施计划表中，应详细列出实现该项质量目标存在的问题、当前的状况、必须采取的措施、将要达到的目标、什么时间完成、谁负责执行等。从而使质量目标的实现步骤一目了然，以确保实现。

绩效考核是实现质量目标的有力保证。

绩效考核是把双刃剑，搞不好是会自伤的，但企业要想实现自己的理想目标，不搞绩效考核是不行的，因为绩效考核体系就像钟表的发条，发条不上紧，钟表的动力就会不足，甚至不会转动。从我国的企业看来，绩效管理体系运转良好的并不多，据有关专家估测，比例上不会超过10%，更令人担心的是，国内大部分企业，甚至不少于60%的企业，还没有建立起像样的绩效考核体系，基本上处于老板的"人治"状态，这样的企业要想按照企业意愿来实现目标体系是不可能的。

第一，要教育在先，上下同欲，不能急于求成。许多企业的领导者对绩效考核看得太简单化，认为只要设计一套较为完善的考核体系，并强行推行下去就行了。事实上考核远没有这么简单。绩效考核成功与否的关键点在于企业全体员工的思想是否过关，首先要教育员工绩效考核是不仅有利于公司发展，同时也有利于员工的职业生涯发展的，是一箭双雕的好事。可以想象：企业员工都认为绩效考核是企业领导在玩的管理游戏，其目的在于整人，这样的体系能够有效地运行吗？因此，在搞绩效考核以前，要像企业质量目标一样，要通过上上下下的几次沟通，要进行多方面多层次的教育培训，使大家的意识首先到位，广大员工能正确理解了制定质量目标和实施质量目标绩效考核的目的和意义，只有在此基础上所进行的绩效考核才有可能获得成功。

第二，绩效考核应考虑正负激励同时进行，激励应考虑员工多层次的需求和期望。许多企业的绩效考核体系只和企业质量目标挂钩，而不与员工的薪酬及发展相联系。这些企业的领导往往有意无意地犯同一个错误：只想马儿跑得快不想让马儿多吃草，言而无信。

第三，特别是高层管理者应加强思想理念的修养。和企业质量目标的制定一样，绩效考核的许多内容也是由企业的最高管理者来决定和拍板的，因此，企业主要领导者的素质要过关，意识要到位，否则，企业质量目标绩效考核的目的是难以实现的。高层管理者应该首先加强培训，加强学习，成为能够游刃于世界市场经济的企业家。

质量控制介绍如下。

① 生产过程的质量监控在产品质量控制中的地位。进入20世纪90年代以来，质量控制学说已发生了较大的变化，现代质量工程技术把质量控制划分为若干阶段，在产品开发设计阶段的质量控制叫作质量设计。在制造中需要对生产过程进行监测，该阶段称作质量监控阶段。以抽样检验控制质量是传统的质量控制，被称

为事后质量控制。在上述若干阶段中最重要的是质量设计，其次是质量监控，再次是事后质量控制。对于那些质量水平较低的生产工序（注塑也属此），事后检验是不可少的，但质量控制应是源头治理，预防越早越好。有些注塑部认为品质是QC部门的事情，自己只要符合QC部对品质的要求就可以了，这是极端错误的思想。

② 要保证产品质量，必须加强对生产过程的质量的控制。质量控制是为了达到质量要求所采取的作业技术和活动。其目的在于监视过程并排除质量环所有阶段中导致不满意的因素，以此来确保产品质量。无论是零部件产品还是最终产品，它们的质量都可以用质量特性围绕设计目标值波动的大小来描述。波动越小则质量水平越高。当每个质量特性值都达到设计目标值，即波动为零时，该产品的质量达到最高水平。但实际上这是永远不可能的。所以我们必须进行生产过程质量控制，最大限度地减少波动。

质量控制包括四个步骤：制订质量标准；评价标准的执行情况；偏离标准时采取纠正措施；安排改善标准的计划。

注塑工厂产品质量标准表见附录一，首先作业员必须严格按照标准要求作业，技术人员保证注塑工艺符合标准要求，QC部根据此检验，实行自检、互检、专检三检制，责任到每一个人。在执行过程中，出现问题时，分析产生原因，提出解决方法，完善作业标准，以使产品质量持续改进。

① 建立健全注塑岗位责任制，及时制订或修订并严格执行各项操作规程、质量标准及检验表，遵守生产纪律。

② 认真搞好注塑工厂的文明生产，特别是保持良好的生产秩序，合理地配备工位器具，保证生产通道畅通。绿化环境，防止污染和灰尘。加强现场管理，大力推行"7S"管理（整理、整顿、清扫、清洁、素养、安全、节约）。

③ 做好生产前的准备工作，合理填写注塑生产排程表。

④ 组织好设备维修工作，保持设备的技术状态良好。修理后的设备要达到质量标准。要搞好工装，确保工、卡、量、刃具的精度。

⑤ 做好材料、物资供应的质量管理。严格入库物资的检查和验收，对不合格和不符合合同规定的物资，可退货或拒收。加强物资保管，防止损坏、变质。提高服务质量，保证供应及时。

⑥ 运用体系文件对质量活动进行监督检查并尽量统计各类信息（见附录二）。不合格因素（不合格指不符合规定的要求，分为不合格品和不合格项）总是会或多或少地被发现，重要的是被发现的不合格因素是什么性质的。如果是一般的不合格因素，它对最终产品的质量影响不大，这种不合格因素是比较容易纠正的；如果是严重的或是带有系统性的不合格因素，则要引起高度的重视，因为它会影响体系的正常运行，使最终产品产生缺陷或报废。故而质量体系中设置了对质量活动的监督检查，以便及时把不合格因素清理出来，并查明其产生的原因，积极采用相应的纠正和预防措施，把不合格因素彻底解决，以防止再次发生。当发现不合格因素时，就要对其进行控制，而且要求分析原因，举一反三，防止再发生同样问题，这就是纠正措施。在制定纠正措施的基础上，对可能引发出此类不合格的因素（人、机、料、法、环）要规定出约束条件（体系文件、标准等），以确保这些因素的波动不超出约束条件的范围，这是预防不合格的基本内容。对纠正和预防措施进行跟踪检查，实施闭环归零管理，从而使生产过程的质量得到提高（见附录三）。即使如此，一些因素还会有波动，而且对引发波动的原因不可能一次就认识得很全面、很准确，这就需要在过程监控中不断地找出原因，发现一个，消除一个，使波动向着零的目标不断接近。

⑦ 改进包装质量。要根据产品特点，制定包装标准，严格按标准进行包装和检验，产品包装不合格的必须返工。

2.4 目标管理

对于注塑生产来说，根本的任务就是生产出产品来创造利润，所以生产目标的完成，是注塑生产第一任务。其他任何的目标管理都是基于这个目标任务的实现或者为这个目标任务服务的。例如：注塑稼动率管理，就是管理设备运作效率，以便有更多时间生产产品；产品合格率管理是为生产更多能为客户接受的产品服务等。

注塑生产任务计划安排一般都由专人来完成，职务相当于经理助理或者计划员。每个公司称呼不一样，具体工作是一样的。在很多的注塑现场，这个职位的人员基本都只负责一件事情：排生产计划（排单）。排单需要和PMC（生产计划与生产进度的控制）协调设备使用情况、查阅工程资料、跟踪工厂生产及入库情况等，还需要了解注塑工厂设备加工性能。

套用管理的四个基本职能来审核工厂目标管理措施如下。

① 计划。列出注塑工厂目标管理的计划书（见附录四）。

② 组织。为完成计划，注塑工厂需要有一个分工协作的组织来完成该计划。有合格模具、性能完好的注塑机、符合要求的材料、经济有效的成型工艺、紧跟进度的生产等。要达到这些，需要注塑经理、主管、领班、组长、设备维护人员、模具维护人员、材料管理人员等许许多多的人员，还需要非注塑部的工程、品管、PMC等组织的支持。

③ 领导。运用影响力激励员工以便促进目标的实现。同时，领导也意味着创造共同的文化和价值观念，在整个组织范围内与员工沟通组织目标，鼓舞员工树立起谋求卓越表现的愿望。奖惩制度、绩效与收入挂钩、计件工资、升职等都是行之有效的方法。

④ 控制。计划的完成，向来都不可能完美无缺。这主要原因是：人员不可能永远没有缺点和不出错、设备不可能不坏、工艺不可能不产生不合格品、材料不可能完全没有问题等。这就需要我们能够发现并进行控制。注塑现场管理控制的不足主要表现如下。

（a）没有对不能完成任务的缺陷进行统计，这主要是时间统计，也就是没有生产合格品时间统计。有些公司也有做这个统计，但很多都是做表格而已，做完就不再用了。有很多注塑部把时间统计的工作交给维修员来做，原因是维修员时间多，给他们增加点工作量。

（b）凭感觉进行控制，只抓住其中某一点发现的现场问题进行大规模整顿，而不是在科学的数据分析基础上行动。

（c）认为控制就是开会、奖惩处罚。

控制是对实际生产过程中不能达成目标任务的影响因素进行统计分析后提出的改进方案。主要需要对以下几个要素进行统计。

（a）设备稼动率，设备生产合格品时间与总工作时间的比例。

（b）产品合格率，实际合格数与开模数的比例。

没有达成生产目标，不外乎就是在工作时间内没有完成生产和生产的产品不合格两种情况。统计出影响这两方面的主要原因，逐步解决，管理就在不断进步了，才能实现管理出利润的目的。如果我们称注塑生产目标管理是注塑生产第一层管理，那设备稼动率和产品合格率就是第二层管理，当然后面还有第三层管理。后一层管理目标是为前一层管理目标服务的。

每条装配生产线一般都会有一个管理看板，所有人员通过看板知道该装配生产线每小时或者每天生产目标。装配员工按照目标进行生产，管理人员按照目标进行管理、控制和改进。

注塑成型生产就是由许许多多很少工序的装配生产线组成的。一台注塑机当它只生产一种产品的时候，它就是一条小生产线；当它生产不同产品的时候，它就是多条生产线。一个注塑工厂可以看成是由许许多多小的装配生产线组成的，每条生产线有一个生产目标，注塑工厂的目标就是完成所有生产线的生产目标。

例如一个玩具注塑部，共有200台注塑机进行生产，每套模具生产5种不同零件（产品），那这个注塑部就相当于有1000个生产目标需要完成。在每一天中，有的生产目标达到了，又有新的生产目标任务加进来，这就使生产目标任务看起来非常庞大和复杂。实际上，这样的情况在玩具业内非常普遍。十多年前在广州一个著名的玩具厂中，使用的模具就有一套模具生产100多件不同玩具零件的。而用同一套模具生产十多个不同塑料零件的情况，在玩具业比比皆是。当一套模具需要产品产量不一样，或者需要产量一样，而因为质量或管理原因使最终合格产品出现某几种数量短缺或报废，其目标达成的难度就进一步增大了，除非我们无视成本和效率。而无视成本与效率，又怎么能称为管理呢？

电器和电子类产品注塑工厂的模具，因为产品尺寸和外观要求更严格，很少把很多零件做在一套模内。同样200台注塑机，电器或电子行业同时生产目标很少超过400种。

一般情况下，注塑工厂会通过注塑生产排程表（见附录四）来进行生产目标的管理。注塑工厂的主管或者经理的所有的管理都要从目标管理出发，首要任务也是进行产量目标的管理。在ISO9000程序文件中，目标管理也是作为第一地位写入质量手册和程序文件内。和装配工厂一样，注塑工厂目标管理直接责任人就是注塑工厂经理或主管，基本上的做法都是由注塑经理或者注塑主管的助理来完成该表格工作，并直接向注塑经理负责。

机号、模具名称、模具编号、零件名称、零件编号、材料可以直接查阅工程资料；材料定额一般由PMC给出材料消耗定额；总数量是PMC订单数量；总数量和定额产量（每小时生产定额产量）一般可以通过查阅IE（工业工程）工程资料获得。

完成工时 = 总数量 / 定额产量

注塑生产排程表是一种管理工具，旨在解决注塑车间在生产过程中"生产什么"的问题。尽管95%的工厂都拥有类似的排程表，但大多数情况下这些表格并未能充分发挥其应有的功能。通常，工人们仅利用这些排程表来获取两项基本信息：首先是确定特定编号的注塑机需要生产哪种产品，其次是了解需要从仓库领取多少原材料。

第 3 章
设备管理

3.1 设备稼动率管理

稼动率（即设备的利用率）是一个用于衡量生产设备或生产线有效工作时间的比例，它反映了设备在工作日内的实际工作时间与理论工作时间的比例。这个概念源自日本制造业，并在全球范围内被广泛接受和使用。

在制造业中，设备的稼动率直接关系到生产效率和生产成本。高稼动率意味着设备能够在较长时间内连续稳定地工作，从而提高生产效率，降低单位产品的制造成本；相反，低稼动率则可能导致生产中断，增加闲置时间，从而提高单位产品的成本。

稼动率可以由以下公式求得：

$$稼动率 = \frac{实际工作时间}{理论工作时间}$$

许多人总提到增加机器运作效率，但只以个案来表述，实际上，机器效率统计并不是一件很容易的工作（见附录六）。

这是注塑部门技术员的报表，反映一台注塑机一个月全部的生产时间和停机时间。许多注塑工厂的技术员都在做领班或组长的报表，而有很多注塑部基层人员基本都没有报表，只有组长或领班做几份生产日报表，实际上这是不正确的，只有现场报表才能反映实际生产状况，第一现场作业人员和基层管理人员，对自己的工作都应该有一份报表反映自己实际的工作状况。

我们都知道，要完成计划的生产目标，设备效率需要得到保障才有可能，设备稼动率提高就是为完成生产目标而做的努力。

$$设备运转时间+停机时间=24h\times60min=1440min$$

$$停机时间=换模时间+换色时间+调机时间+坏机时间+坏模时间+$$

$$保养时间+品质故障时间+无排期时间$$

$$停机时间/1440min=设备稼动率$$

计划下达生产开始前准备中的换模时间，根据每个公司模具及资源不同，时间也有不同，但通过使用控制工具、准备工作充分、安排得当等是可以进行持续改进的。有的公司换套模要半天，而有的公司只需要几十分钟就可以了。这体现了控制与不控制的区别。

换色过程通常与烘料过程并行进行，这在注塑生产中是常见的操作。在一些公司中，换色后需要进行4到6小时的烘料，然后才能开始生产。而另一些公司，使用相同的材料，也需要烘料4到6小时，但换色之前已经完成了烘料工作，一旦换色完成并清洗了机器，就可以立即开始生产。这展示了在生产过程中，控制与不控制所带来的效率和时间管理上的显著差异。通过有效的生产控制，可以显著提高生产效率、减少等待时间，从而提升整体的生产力。

调试时间上，控制的艺术性是最强的。有的公司模具换上去后，由技术员或领班调机，等调机签样合适后安排生产；有的公司调机前把标准成型工艺先输进去，生产几次看看，有必要再进行调整。第二种方法比第一种在时间和成本上都经济很多。

坏机时间是设备损坏不可用需要维修的时间，后面专门有一节会讲注塑机维护和更新。

很多公司坏模情况特别严重，这有模具设计和制造原因，也有注塑部使用原因，一般情况下，注塑生产是24小时工作的，作业人员有可能在疲劳状态下工作，在设计和制造模具，特别是带斜顶、抽芯、镶件等模具时候，需要特别考虑员工的工作特点，不要都依靠员工责任心来保证模具完好性，应尽量考虑"傻瓜"式操作的可能性。对于需要特别保护的模具，注塑部应当以特别情况对待，在设备上应使用低压锁模、带顶针保护的装置等特别设计。

一些公司在使用注塑机时，基本不保养，或者片面认为保养就是擦擦机身，其实这是不正确的。注塑机生产厂在注塑机出厂时都带有一份保养手册，应该按照手册进行注塑机保养，否则注塑机寿命和使用性能会差很多，需要较长时间的保养项目尽量安排在无排期时间或修机换模、修模时间内。

当生产的产品被判定为不合格品时，生产不合格品时间也要计入停机时间内，这是进行稼动率控制时需要控制的重点项目，品质故障不但使生产目标不能完成，还使不良率升高，出现这样的故障会使生产成本变得无限高，需要很多的正常生产时间来生产良品才有可能补回这损失，这是特别需要避免的。

当订单不足时就会产生无排期时间，这不是注塑工厂能直接控制的，但在报表上要反映这时间及其占有率。

每一个注塑生产工厂中，稼动率都不可能为100%，统计等待时间等各项内容（见附录六）并且分析是否可以改善，坚持不懈地节约时间，就可以为生产目标完成提供切实的保障。

3.2　注塑机保养指南

附录七为维修技术员做的注塑机保养时的日、周、月检查记录表，许多注塑工厂均有设备管理制度来规范注塑机管理，图3-1为规范管理的注塑机使用现场。

图3-1 规范管理的注塑机使用现场

通过设备管理制度的建立与实施，坚持设备的日常维护保养工作，保障设备正常使用，提高生产效率，确保生产顺利进行。

（1）设备安全操作规定

① 没有接受过操作技能培训、不懂设备结构原理和性能的人员（即非公司指定的调机技术人员），不得调校机器。

② 开机前应确定所有的安全装置（安全杆位置、安全挡块、安全门极限开关、安全滑轮及紧急停止开关）是否有效，若有异常，需迅速报备上级处理，开机前没有检查或冒险开机者，承担所有安全责任，管理人员连带处分。

③ 严禁在带负载情况下启动电机，机器启动后必须空转运行1分钟后才能投入正常作业。

④ 开机前应将塑化温度预热到设定值后再待3~5分钟方可驱动螺杆进行熔胶作业，严禁用手及身体其他部位触摸加热部分。

⑤ 各电气箱、消防栓门前不允许堆放任何物件，确保各疏散通道畅通无阻。

⑥ 任何人不得将正常运行的机器突然切断电源（特殊原因除外），否则将会损坏机器。

⑦ 操作时只能先锁好模后再进射台，不可先进射台后锁模。

⑧ 上班时应检查机器设备是否运转正常、工艺参数是否合适、模具是否稳固在设备上、冷却（模具冷却、落料口冷却、动作油冷却）装置与润滑装置是否正常。

⑨ 机器动作时切勿爬到机器顶上或伸手进入安全门内作业。

⑩ 停机时应将熔胶筒内的胶料射净，不得留有余料，不准在机械处于受力状态时关掉电热和电源开关。

⑪ 所有的机器设备用电均需可靠地接地与接零，各导线接线端子、杆座等应规范接法，绝缘可靠。

⑫ 机器动作时一定要遵守适应的锁模程序。尤其是低压保护装置必须调校到绝对可靠。

⑬ 清洗熔胶筒时要保证物料的相熔性，同时还要杜绝熔胶筒过热分解，应确实遵守《换料作业规则》。

⑭ 换模时应严格遵守《换模作业规程》。

⑮ 破碎作业时，破碎品需逐一进行破碎，严禁整箱（袋）一次性倒入破碎，以免造成碎料机过载或混入异物损坏刀片。

（2）设备作业时检查与调整工作事项

① 干燥机、鼓风机、电气功能及干燥工艺参数（温度、时间、风量）设定的检查。

② 润滑系统：各摩擦部位润滑状况（润滑油脂润滑状况及注油机的工作状态）的检查。

③ 液压动作系统：动作油的油量及油温（35~65℃）、油压泵的异声异状、各电磁阀、油缸油管的检查。

④ 电热系统：温度设定与实际值、电热器加热升温状况、温控ON/OF的动作、射嘴恒温器的检查。

⑤ 安全检查：确认安全门打开时锁模动作是否停止；确认紧急停止按钮的动作是否失灵；系统压力最大值不得超过规定值（≤140kgf/cm²）；着重检查低压保护动作，调整低压起点位置及确认锁模位置。

⑥ 射出结构动作：确认射出熔胶动作，确认射出压力、流量、位置、时间以及螺杆回转，检查调整料管下方有无杂物堆放，检查螺杆夹块是否紧固。

⑦ 冷却系统：检查冷却水管装置，通入冷却水确认是否漏水，检查油冷却器管路是否畅通。冷冻水温度设定值与实际冷却效果的检查。

⑧ 电气系统：

（a）电气箱的工作环境，如温度、湿度、防尘等的检查；

（b）排风扇运转状况的检查；

（c）电机运转状况的检查；

（d）各极限开关和转换开关、各定时器设定的检查；

（e）操作面板及参数设定的检查。

⑨ 开锁模结构：检查机铰动作是否平稳、圆滑、无异声，动定模板是否平衡，四根哥林柱受力是否平均。图3-2为正常的注塑开锁模结构。

图3-2 正常的注塑开锁模结构

⑩ 顶出结构：检查顶出次数及行程控制等。

⑪ 半自动、全自动工作模式时，特别注意生产制品的脱落状况，并检查动作是否圆滑顺畅。

（3）设备保养和维护制度

① 日常保养制度：由机修人员检查日检点状况，调机员主要检查设备的清洁、润滑、零部件的紧固防松等状况。

② 周保养制度：由机修人员负责，不仅要完成日常保养的各项工作，还要对设备进行局部性的检修与调整。

③ 月保养制度：由主管、领班及机修人员进行，主要内容为：

（a）对设备日检点中存在的问题进行保养并做出更细致更彻底的检查。

（b）油箱过滤网是否清洁，有无破损的检查与保养。

（c）各相互活动部位有无磨损。

（d）冷水机的水路畅通清洗。

（e）检查液压油是否清洁、有无水分。

④ 半年度保养制度：由主管牵头各级管理员对以下内容进行全面保养与维修。

（a）对月保养制度所列各项做更细致实施。

（b）检查拧紧各部分螺钉。

（c）检查电压、电流表显值。

（d）检查动作模板平衡度、机铰运行平衡性、四根哥林柱的受力状况及机台导轨状况。

⑤ 年度保养制度：由主管牵头，全体管理员对设备的主体部分进行解体检查，调整并对易损件进行测量鉴定和更换。

（a）半年度所列的各项进一步实施。

（b）检查动作油质量、清理油箱。

（c）检查射胶螺杆、炮筒、过胶头、总压表是否正常。

（d）检查液压马达、液压泵联轴器、防振设施等。

（e）检查各高压油管是否上紧。

（4）设备维修管理

① 当机器设备出现故障时使用人员应立即告知领班，由其调校维修或反映给主管处理。

② 机器设备出现重大异常使机器不能正常运转时，应及时告知主管，所有技术人员不得私自调校或维修自己没把握的故障机器设备。

③ 设备在维修和保养后应确认机器设备维持正常运转的所有功能。

④ 当设备进行保养、维修时，维修人员应挂上"机器维修中"的标牌，并切断电源，以防他人错误使用设备。

（5）设备技术资料管理（见图3-3）

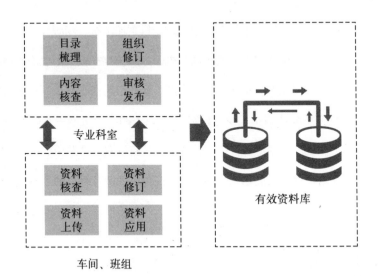

图3-3　设备技术资料管理架构示意图

① 对易损件或通用件由主管统一建立档案（设备零件管理表），并提供安全存

量以保障正常生产。

② 对每天设备发生的异常，不管是自行维修，还是委外维修都应做好记录存档，以便供日后机器维修保养参考。

③ 所有随设备附注的说明书、操作书都要妥善保存。

通过对一些注塑机使用客户的调查，发现没有保养的注塑机客户，设备在4~5年左右加工精度就降低了且漏油严重，而有正常保养的客户，注塑机使用8年以上都很少漏油并且机器重复精度还能保持得不错。

3.3　注塑机更新指南

注塑机作为塑料加工行业的核心设备，其性能直接影响到产品质量和生产效率。随着技术的发展和市场需求的变化，注塑机的更新换代成为企业提升竞争力的重要手段。

现阶段注塑机，经历了从定量泵注塑机、变量泵注塑机、变频注塑机、伺服电机注塑机到全电动注塑机的转变。变频注塑机因为系统存在极大隐患而现已经被淘汰，定量泵注塑机因损耗太严重而很少再生产。现在市场占有率最高的是伺服电机注塑机，其次是变量泵注塑机，全电机在100t以下的小型机器占有率已经越来越高。而在使用上，生产精密薄壁件的高速注塑机、特种双色注塑机、模内转印注塑机、高光无痕注塑机等也发展起来。图3-4为注塑机换装升级自动上料机后的工作现场。

（1）注塑机选型要点

① 产品特性：根据产品的尺寸、形状、精度和材料特性选择合适的注塑机。

② 生产规模：考虑生产批量和生产速度，选择相应规格的注塑机。

③ 技术参数：关注注塑机的锁模力、注射量、注射速度等关键技术参数。

④ 能耗效率：优先选择能耗低、效率高的伺服电机或全电动注塑机。

图3-4 注塑机换装自动上料机后的工作现场

（2）注塑机节能改造

节能改造是提升注塑机性能的有效途径。伺服电机因其高节电率和稳定性成为改造的首选方案。改造前应进行详细的能耗分析和成本效益评估。

（3）注塑机维护与保养

① 日常保养：定期检查油品、过滤器、电气元件等，保持设备良好运行状态。

② 预防性维护：通过监测设备运行数据，预测并防止潜在故障。

③ 专业培训：对操作人员进行专业培训，提高维护和操作技能。

（4）注塑机更新决策

① 性能评估：定期对注塑机的性能进行评估，包括生产效率、能耗和产品质量。

② 成本分析：对比新旧设备的购置成本、运行成本和维护成本。

③ 市场趋势：关注行业发展趋势，考虑新技术带来的潜在优势。

（5）注塑机更新实施步骤

① 需求分析：明确更新的目的和预期效果。

② 市场调研：收集市场信息，比较不同品牌和型号的注塑机。

③ 技术评估：对候选设备进行技术评估，包括性能、能耗和兼容性。

④ 经济评估：进行成本效益分析，确保投资回报。

⑤ 采购与安装：选择最优设备，进行采购和安装调试。

⑥ 培训与过渡：对操作人员进行新设备操作培训，确保顺利过渡。

（6）注塑机更新案例

① 案例一：某企业通过更新全电动注塑机，实现了生产效率的显著提升和能耗的大幅降低。

② 案例二：另一企业通过伺服电机改造，解决了老旧设备的能耗高和维护难问题。

（7）注塑机更新风险管理

① 技术风险：评估新设备的技术成熟度和兼容性。

② 市场风险：考虑市场需求变化对设备性能的影响。

③ 操作风险：确保操作人员能够熟练掌握新设备。

（8）注塑机更新后的效益评估

① 生产效率：评估更新后的生产效率是否有所提升。

② 产品质量：检查产品质量是否得到提高。

③ 能耗与成本：计算能耗降低和成本节约的实际效果。

（9）注塑机更新的持续改进

① 持续监控：对新设备进行持续性能监控。

② 技术升级：根据技术发展，定期进行设备升级。

③ 管理优化：优化生产流程和管理策略，进一步提升效益。

注塑机的更新是一个系统工程，涉及技术选型、经济评估、实施步骤和风险管理等多个方面。企业应根据自身情况，制订合理的更新计划，以实现生产效率的提升和成本的降低。通过持续的改进和优化，企业才可以在激烈的市场竞争中保持领先地位。

3.4　周边设备

3.4.1　模温机

（1）设备介绍

模温机，又称模具温度控制机或模具温度调节机，是一种用于控制和调节模具温度的设备。在塑料注塑、橡胶成型、合金压铸等工业生产过程中，模具的温度对产品质量和生产效率有着重要影响。模温机通过加热或冷却模具，确保其在生产过程中保持恒定的温度，从而保证产品质量和提高生产效率。图3-5为模温机示意图。

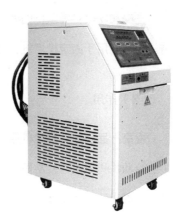

图3-5　模温机示意图

（2）主要组成部分

加热系统：加热系统是模温机的关键部分，它负责提供所需的热量来加热模具。常见的加热元件包括电加热器、加热棒或加热圈等。这些加热元件可以根据需要进行调节，以实现精确的温度控制。

冷却系统：与加热系统相对应，冷却系统用于降低模具的温度。它通常包括冷却液循环泵、冷却器（如水冷却器或空气冷却器）和冷却介质（如水或油）。冷却系统能够快速有效地将模具温度降至设定值。

温度控制单元：这是模温机的"大脑"，负责监控和调节模具的实际温度。温度控制单元通常包括温度传感器，如热电偶或热电阻，控制器，如PID（比例-积分-微分）控制器，人机界面（HMI）。用户可以通过HMI设置目标温度并实时监控模具的温度变化。

循环泵和管道系统：循环泵用于将加热或冷却介质在模温机和模具之间循环。管道系统包括连接泵、加热器、冷却器和模具的管道、软管和接头。这些部件确保热能或冷能能够有效地传递到模具。

储油箱：在某些模温机中，会有一个储油箱用于存放冷却介质（如油）。储油箱可以确保循环介质的供应，并允许对介质进行过滤和净化。

安全保护装置：为了确保操作安全，模温机会配备多种安全保护装置，如过热保护装置、过压保护装置、漏电保护装置、熔断器和紧急停止按钮等。

外壳和支架：模温机的外壳通常由金属制成，用于保护内部组件并提供结构支持。支架则用于固定模温机，并确保其稳定运行。

（3）作用

提高产品质量：模温机通过精确控制模具温度，确保了塑料或其他材料在模具中的流动性和填充性，从而减少了产品的缺陷，如气泡、翘曲、缩水等，显著提高了产品的一致性和质量。

提升生产效率：通过快速加热和冷却模具，模温机可以缩短生产周期，提高机器的运行速度和整体的生产效率。这对于大规模生产尤为重要，可以显著提高产量。

节约能源和成本：模温机的高效加热和冷却系统可以减少能源消耗。精确的温度控制也意味着减少了材料的浪费，因为不适当的温度可能导致更多的废品产生。

延长模具寿命：适当的模具温度管理有助于减少模具的热应力和磨损，从而延长模具的使用寿命。这有助于减少模具更换的频率和相关成本。

增强生产的灵活性：模温机能够适应不同的生产需求和模具变化，使得生产过程更加灵活。

减少生产中的变量：模温机可以减少由于模具温度波动导致的生产变量，确保每一批产品都符合质量标准。

支持复杂产品的生产：对于结构复杂或对温度敏感的产品，模温机能够提供必要的温度控制，以确保这些产品的成功生产。

促进工艺创新：模温机的精确控制能力为开发新材料和新工艺提供了可能，有助于企业在产品和工艺上进行创新。

（4）运行原理

模温机是一种在工业生产中用于精确控制模具温度的设备，其工作原理是通过循环媒介（如油或水）来调节模具的温度，确保生产过程中模具温度的稳定性。在加热过程中，用户首先设定目标温度，模温机的加热系统随即启动，通过电加热器或燃烧器对媒介进行加热。加热后的媒介通过循环泵输送至模具内部的管道系统，将热量传递给模具。与此同时，温度传感器持续监测模具的实际温度，并反馈给控制单元，后者根据反馈信息调节加热系统的功率，以维持模具温度在设定范围内。图3-6为模温机工作原理图。

在模具需要冷却时，控制单元激活冷却系统，该系统可能是水冷却器或空气冷却器，它们吸收媒介中的热量并进行冷却。冷却后的媒介再次循环至模具，带走多余的热量，使模具温度降低。控制单元同样根据模具的实际温度调节冷却系统的运行，以保持模具温度的稳定。

整个过程中，模温机的控制单元通过PID控制算法或其他先进的控制策略，确保模具温度在极小的波动范围内保持稳定，从而实现快速且均匀的温度调节。此外，模温机内置的安全保护装置在整个操作过程中监控系统的压力、温度和电气状态，一旦检测到异常情况，如过热、过压或漏电，即会启动保护措施，关闭相关系统或停机，以保障设备和操作人员的安全。

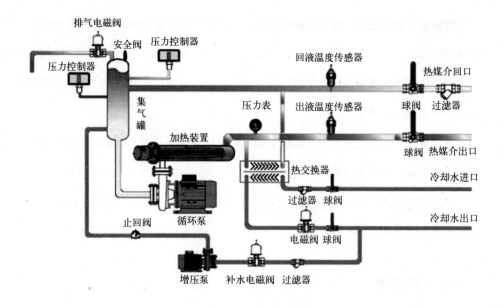

图3-6 模温机工作原理图

通过这种精确的温度控制，模温机不仅能够显著提高产品的质量和生产效率，还能够减少能源消耗和生产成本，同时延长模具的使用寿命。它是塑料注塑成型、橡胶加工、压铸等工业生产中不可或缺的关键设备，对于提升企业的生产能力和市场竞争力起着至关重要的作用。

3.4.2 冷热管理系统

（1）冷热管理系统介绍

冷热管理系统分为节能变频恒压供水系统及模具加热系统，主要应用于注塑成型过程中控制模具的温度，确保注塑制品的质量、稳定性和生产效率，不仅提高了产品质量和生产效率，还为企业节约了成本和能源。

（2）冷热管理系统主要组成部分

冷热管理系统一般主要由冷水机、模温机、集中控制柜、冷却塔、水泵、水箱、恒温水箱及输送管路组成。

（3）作用

① 优化注塑产品质量；

② 提高注塑生产效率；

③ 增强注塑工艺的稳定性；

④ 适应不同注塑材料和工艺要求。

（4）工作原理

① 节能变频恒压供水系统（见图3-7）。

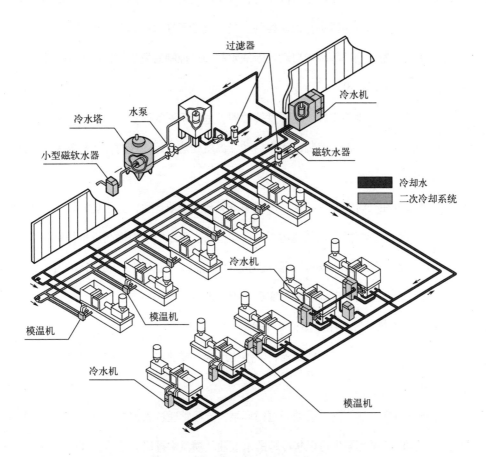

图3-7 注塑车间集中供水冷却系统原理

智能变频恒压供水系统，采用先进的PID逻辑控制方式实时不间断检测水温和压力。每个水泵都配有单独变频器和传感器控制，每个水泵进水和出水端都配有电动对夹式蝶阀，系统检测到水泵有故障时自动切换到备用水泵运行，确保系统压力稳定可靠。当系统水压不足时传感器将信号反馈到控制器，控制器经过运算后提高变频器输出频率，从而提高水泵转速，使水压快速趋向于目标压力。当系统检测到实际压力接近于目标压力时，控制器发出减速指令降低水泵转速，使水压平稳地到达目标压力，防止超调、振荡出现，保证压力平稳运行。如果系统压力长时间保持在目标压力与变频器输出频率处于下限频率运行时，系统自动判断目前压力充足且用水量小，控制器发出睡眠指令使变频器进入睡眠状态，水泵停止运行，从而提高节能效果。此时系统继续不断检测压力，当系统压力降到设定的唤醒值时，控制器发出唤醒指令启动变频器进行恒压控制。当系统处于缺水状态时，控制器根据当前压力、变频器输出频率等因素自动判断缺水故障，控制器发出停机和报警指令提醒操作人员，从而保护设备。

在保温水箱出水端安装一个温度传感器，系统不断实时检测，当检测温度过高时，控制器发出启动指令控制冷水机启动，温度到达目标温度时，控制器发出停止指令停止冷水机运行。

供水系统在长时间使用和生产过程中难免会有杂质产生，为了更好地保护设备运行，引入纯水过滤机。该系统运行时自动过滤水里杂质从而提高设备使用寿命。

节能变频恒压供水系统使用国际通用的通信标准（MODBUS_TCP/PROFINET），可以方便地接入企业的现场总线，实现远程监控。

② 模具加热系统工作原理见图3-8。

加热器加热：模温机的加热器将热能传递给水或油，在水箱或油箱中加热，使其温度升高。

循环泵循环：加热的水或油通过循环泵，流经管道进入模具，将热能传递给模具表面。同时，循环泵也可以将冷却的水或油从模具中排出，达到循环的目的。

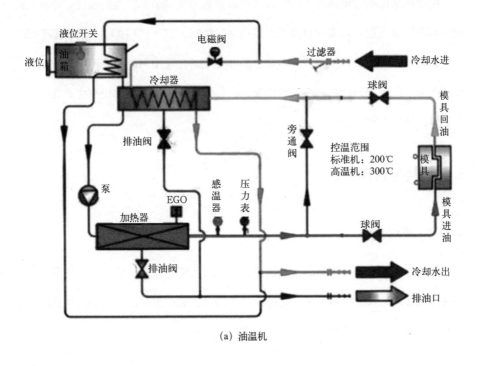

（a）油温机

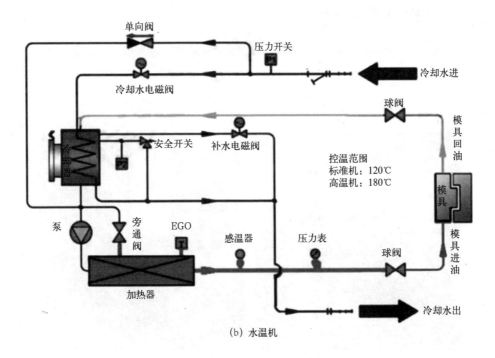

（b）水温机

图3-8　油温机和水温机工作原理

控制系统控制：模温机的控制系统可以根据需要调节加热器的温度、循环泵的流量和温度等参数，以实现对模具温度的精确控制。其中，EGO为液胀式温控器。

总体来说，模温机是一种非常重要的加工设备，在塑料制品生产中起着至关重要的作用。通过控制模具温度，可以保证产品的质量和准确性，提高生产效率和产品质量，降低生产成本。

3.4.3 料房管理系统

（1）系统介绍

料房管理系统会按注塑配方及用量，将不同比例的原料、色母、矿物质、回料等进行混合，是智能上料系统、破碎回收系统、智能称重系统、集中搅拌系统、集中干燥系统的统称（见图3-9、图3-10和图3-11）。

（2）系统主要组成部件

系统主要由中央控制台、气泵站、储料罐、破碎机、搅拌机、称重机、除湿干燥机、原料分配站等组成。

图3-9 原料干燥设备

图3-10　混料设备

图3-11　自动送料设备

（3）工作原理

通过物联网智能系统将储存于储料罐的原料通过管道输送到搅拌桶与破碎料及色母一起搅拌，或利用称重搅拌系统按不同配方自动配比充分搅拌后集中输送到除湿干燥系统集中干燥，干燥后的原料按不同注塑机台的用量及需求通过原料分配站、中央管道输送到不同机台注塑成型，可实现破碎回收利用、材料配色搅拌、除湿干燥、原料分配、管道输送全程24小时自动化操作。

3.4.4 集中送料系统

（1）系统介绍

中央集中送料系统采用微电脑集中自动控制（如图3-12），实现24小时连续供料作业，分别控制各台成型机的成型工艺，计量准确、混合均匀，并可灵活改变颜色，适应对产品的多颜色、多品种要求。根据不同成型机的生产量，灵活变更供料量。设计有多个供料管道，可保证对主料多样化的要求。系统具有多种监控及保护功能，工作安全可靠。

图3-12　中央集中送料系统工作现场

（2）系统主要组成部件

系统由中央控制台、脉动集尘器、气泵站、原料分配站、储料罐、称重拌料机、除湿干燥机、中央式磁簧料斗、中央式电眼料斗、截风阀、截料阀、不锈钢管道等组成（见图3-13）。

中央控制台	三机一体除湿干燥机	称重式拌料机	储料罐
脉动集尘器	罗茨风机	原料分配站	截风阀
中央式磁簧料斗	中央式电眼料斗	截料阀	不锈钢管

图3-13　集中送料系统组成部件

（3）工作原理

中央送料系统采用真空传送方式，通过集中的管路系统将塑料原料从储料罐输送到称重拌料系统，将配比好的原料再自动输送到中央除湿干燥系统，然后将干燥后的原料输送到每台注塑机中。中央供料系统采用"一台机器一根管"或者"一种原料一根管"的设计方式，保证整个系统的空气对原料进行输送，防止除湿干燥后的原料回潮。同时输送运行稳定，绝无堵料的现象发生。在真空负压作用下，原料中的粉尘会通过粉尘过滤系统过滤出来，有助于提高成型产品的质量。

（4）系统特点

① 高效：中央供料系统可实现将多种原料自动供给任意的注塑加工设备使用，其中可包括原料的干燥处理、配色处理以及按比例的粉碎回收料利用，能够实行高度的自动化控制、监测等，并能满足24小时不停机的生产需要。

② 节能：中央供料系统操作简易，只需要少数的几个人即可以控制整个注塑工厂的供料需求，从而减少了大量的劳动力成本。其次，减少了在注塑机旁边的原料及相应的辅助设备，提高了空间的利用率。此外，由于采用了中央供料的方式，相对应地减少了很多的单机设备，也就节省了电能及减少了维护费用。

③ 个性化：中央供料系统可以做到对不同的使用用户、不同的车间特点、不同的原料使用要求，依实际的需要来设计出最优化的方案。

④ 现代化工厂形象：中央供料系统将使原料及粉尘对注塑生产的污染减至最低的程度，从而可以保持洁净的生产车间，而中央供料系统独特的集中粉尘回收系统，清理更便捷，环保效果更是达到10万级无尘室作业要求标准，同时还会降低噪声，最终可实现无人化的自动化生产车间，树立起现代化工厂管理的形象。

3.4.5　材料回收系统

（1）系统介绍

材料回收系统是将注塑过程中产生的不合格品及回收料利用破碎机进行破碎，再将破碎料与原料按一定比例进行混合，重新回收利用的一个系统，可减少资源的浪费，降低成本，节能环保。

（2）系统主要组成部件

系统由破碎机、回收风机、回收桶、筛粉装置、搅拌机、输送带及输送管道等组成。

（3）工作原理

回收系统分为机边回收与集中粉碎回收。机边回收是在注塑机旁配备机边破碎机，将注塑过程中产生的不合格品和回收料利用机械手及时投入破碎机破碎，由机边回收系统及时按一定的比例送到料斗进行第二次注塑。集中破碎回收需人工将不合格品统一收集后集中投入破碎机进行破碎，利用回收系统筛粉装置将破碎料进行粉尘分离，与原料搅拌后利用管道将粉碎料输送到中央供料系统进行循环利用。该系统可保证材料及时利用，保证产品质量。

（4）系统特点

① 节约资源。注塑不合格品的回收利用可以有效地节约原材料的消耗，尤其是塑料这类不可再生的资源。通过对不合格品进行回收利用，还可以降低资源的浪费程度。

② 减少环境污染。塑料等废弃物的不当处理会给环境造成极大的污染，影响我们生活环境的质量。而注塑不合格品回收利用不仅可以减少垃圾的数量，还可以缓解废弃物直接排放到环境中的问题。

③ 降低制造成本。相对于原材料，不良塑料料的回收利用可以在一定程度上降低制造成本。因此，注塑不合格品的回收利用可以为企业带来经济效益和经济利益的提升。

第4章
智能化系统管理

4.1 标准注塑成型工艺

标准注塑成型（注射成型）工艺是一种成熟的塑料加工方法，随着技术的不断进步，注塑成型工艺也在向着更加高效、环保、节能的方向发展，以满足日益增长的塑料制品需求和环境保护的要求。图4-1为标准注塑成型工艺流程示意图。

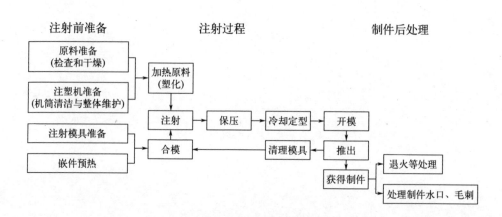

图4-1 标准注塑成型工艺流程图

在塑料制品的生产领域，注塑成型工艺参数表扮演着至关重要的角色。这份文档详尽地记录了生产过程中的关键参数和信息，是确保产品质量和提高生产效率的基础。

首先，注塑成型工艺参数表的编制必须包含明确的日期和版本信息，这不仅有助于追踪文件的更新历程，还能够确保生产团队遵循最新的工艺指导。制订和批准人员的信息也同样重要，它们为文档的准确性和权威性提供了保障。这些基本信息构成了参数表的基础，为后续的详细参数设置提供了参考框架。

在该表中还需要包含机台资料，需要详细注明生产所用设备的型号、螺杆直径、机台编号等硬件信息。这些信息对于保障生产过程中设备的正确匹配和持续运行发挥着重要作用。

产品资料部分是控制产品质量的关键环节。它包括了产品的名称、模具编号、塑料材料类型、出模数、浇口形式以及产品的颜色和尺寸参数。这些信息确保了产品的一致性和可追溯性，同时也为生产过程中的质量控制提供了明确的标准。

成型工艺参数，需要涵盖温度、干燥条件、模具温度、射胶和保压参数等关键工艺设置。这些参数的精确控制对于产品的成型质量有着直接的影响。例如，模具温度的控制直接影响到产品的冷却速率和收缩率，而射胶和保压参数则决定了产品的密实度和外观质量。

模具冷却水简图提供了前模和后模的冷却水布局，这对于模具的温度控制和产品的冷却时间有着重要影响。合理的冷却系统设计能够有效地缩短生产周期，提高生产效率，同时也有助于减少产品的内应力和翘曲现象。

最后，作业问题点部分是生产过程中持续改进的重要依据。它记录了生产过程中遇到的问题和需要注意的事项，为生产团队提供了宝贵的反馈信息，有助于及时发现并解决生产中的问题，从而提高生产效率和产品质量。

综合上述，注射成型工艺参数表不仅确保了生产过程的标准化和产品质量的稳定性，还为生产过程中的问题追踪和工艺改进提供了重要依据。通过这份记录表，生产团队可以有效地监控和调整生产过程，确保最终产品的质量和一致性。注塑成型工艺参数表的科学编制和严格执行，是塑料制品生产企业成功的关键（见附录五）。

4.2　注塑成型工艺管理制度

注塑成型工艺是注塑部设备运作的标准，由注塑部技术主管监督制作，在产品试产前必须出"A"版本标准注塑成型工艺，以指导注塑生产。为将产品的不良率降低到2%范围内，在生产过程中可能需要进行注塑成型工艺改进。如产品工艺有调整，必须将工艺表升级为"B"版本标准工艺。以后每次改进或因模具有修改等原因使参数变更，标准成型工艺表进行版本升级，必须由经理签字批准。

生产时，必须将相对应的标准注塑工艺参数输入机台，试生产签样。设备配置及磨损、环境改变、模具修改及磨损等原因可能导致原标准成型工艺参数不适用，应根据实际情况做相应改变，并将改变后工艺生产的产品按照新产品试制流程进行全部外观及尺寸检验，并送QC部进行功能性试验合格才能封样生产。

新改变的成型工艺经产品全部要素检验合格后，注塑成型工艺参数表需重新制订，并将旧工艺封存，保存2年。

每日上班后技术员需对工艺参数核对一次，对于有更改的工艺必须检验并送样QC部做功能性试验。

新工艺改变必须通知技术工程师，技术工程师若认可新工艺改变的正确性，需做相关工艺变更记录，以便于追溯。技术工程师是注塑工艺发布者，有责任保证产品是在正常合适而经济的工艺参数下生产，对更改的工艺要进行备案并说明要点，对不正确的工艺要立即进行修改并将原因告知注塑领班及技术员。

技术员是标准注塑成型工艺的使用和维护者，领班要督促技术员将成型工艺的相关工作做好、做完整，特别是在工艺变更后的工作更不能马虎，因工艺变更造成的质量事故，领班负直接责任。

对于不稳定的生产（不良率超过5%），只能使用临时注塑成型工艺时，技术人员均有对临时注塑成型工艺进行改进的义务，但不能以材料大量损耗为代价。

临时注塑工艺不能长期使用，出现临时注塑工艺使用超过生产24小时，技术主管必须检讨原因，并召集相关人员征集解决方案，对于暂时不能解决但又需要生产的，必须由经理批准。

对于"B"版本以上的注塑成型工艺，不得随意进行大的变动，每次大的变动必须要有确切的原因，并由技术主管主持填写纠正和预防措施处理单（附录三），并对此负全部责任。

注塑成型工艺的管理由绩效考核表进行考核，纳入个人业绩中，对于重大质量事故的工艺原因，将由人力资源部进行额外行政处罚和罚款。

对于不适用标准注塑成型工艺表且不适用本制度的设备，将不适用标准注塑成型工艺表的设备特别备案，并上报公司进行整改。

4.3 注塑成型工艺管理现状及改善对策

现阶段的注塑工厂，基本上存在着以下工艺管理漏洞。

没有注塑工艺管理，会用注塑机的都可以去调校机器。

有注塑成型工艺参数表，不过只是挂在机头当装饰品，实际设备使用参数和工艺表规定的相差十万八千里。

有注塑成型工艺参数表，但不适用，每天机器改动参数几十次，实际工艺一直在变动中，工艺参数表无法定型。

有工艺参数表，但技术人员自觉调机技术更高，没必要根据参数表内容调机。

注塑机品牌众多，有很多注塑机稳定性不足，需要频繁调整参数，使得工艺无法定型。

注塑工艺参数表制订不合理，使用本身就不稳定，没办法实际运用。

以上现象反映出了企业管理上的疏漏，在缺乏严格管理和专业指导的情况下，注塑机的调校工作变得不严肃、不认真。注塑机的调校工作是一个复杂过程，需要专业知识来确保生产效率和产品质量。缺乏有效的工艺管理和专业技术支持，会导致产品质量不稳定、生产效率降低，以及无法持续优化生产流程。

虽然，相对于其他行业来说，注塑生产技术入门难度不高，但精通难度很大，所以在注塑部门里面，95%的产品，入门几个月的初级技术人员就做得很好。但还有5%的产品做起来就非常不容易，需要很高技术水准才能够掌握。而且实际上，注塑成型技术很多时候不是以能做出来为标准的，而是以最低成本做出来为标准的，所以在这个意义上来说，技术的高低通过量化成本来衡量，才是准确的。

针对无法使用标准注塑工艺的工厂，管理者应该从人、机器、材料以及环境等方面分析造成问题的原因，提出改善措施，直到能实行工艺标准化管理。

首先，要明确我们的目标就是贯彻标准注塑成型工艺参数。

第二，进行实现目标需要的工作分析，考察设备稳定性，将注塑机按照其稳定性的高低分类。

第三，考察影响成型工艺最主要的五要素（温度、压力、速度、时间、位置）以及每一要素在工厂是通过什么方式来控制的。

例如，目前使用的烘料温度和烘料时间是否能保证材料含水量符合要求，是选择使用除湿干燥设备（例如8mm厚度以下PC材料加工）还是烘箱，采用什么样的烘干时间控制方式等。再比如模具温度控制，实际模具温度控制是由水塔控制（粗略控制方式）还是由模温机（模具温度控制机）控制（精密控制方式）。

当找出影响注塑成型稳定性因素后，实际上也就有了对策表，把稳定性不高的注塑机用来生产对尺寸要求、重量要求、装配要求都不高的零件，也可依此制订一个稳定工艺参数表；当需要生产精密注塑产品时，则使用有精密控制功能的注塑机，各项目均可控制在参数表要求的范围内，

制定一个标准注塑成型工艺"A"版参数表。考察实施"A"版本的工艺参数表后的产品生产不合格品比例，再对不良原因进行分析改进，得出新的改善措施

对策。

实行新的对策措施后不断改善直到产品合格率达到要求，从而制订"B"版成型工艺参数表，如此生产该产品的标准注塑成型工艺表就出来了。如果有新的改进还可以制订"C"版本注塑成型工艺表，制订过程和"B"版本工艺表的制订过程一样。

最后，进行培训，让注塑部门人员全员参与标准工艺的维护和使用、管理。

第 5 章
现场管理

5.1   5S 现场管理

5S管理方法是源自日本的高效工作场所组织和管理技术，已成为全球企业提升工作效率和产品质量的关键工具。第二次世界大战后在战后重建和生产效率提升的迫切需求下，日本企业开始探索改进工作场所管理的新方法。1955年，日本工业专家大野耐一在丰田汽车公司工作期间，首次提出了5S概念，将其作为改进生产线工作流程和环境的工具，强调有序、清洁的工作场所对于提高生产效率和员工积极性的重要性。

随着时间的推移，5S管理方法在日本制造业中逐渐流行，并成为其成功的关键因素之一。到了1980年，随着日本经济的崛起和全球化的推进，5S开始被世界各地的企业采纳，应用范围也从制造业扩展到服务业、医疗保健、教育等多个领域。进入21世纪，5S管理方法继续在全球范围内传播和应用，不断演变和创新，与精益生产、持续改进等管理理念相结合，以适应快速变化的市场和客户需求。

5S由五个日语单词的首字母组成，分别是整理（seiri）、整顿（seiton）、清扫

（seiso）、清洁（seiketsu）和素养（shitsuke），每个环节都旨在通过持续的改善活动，创建一个更加有序、清洁、安全的工作环境。这一方法论的发展历程充分展现了其不断适应和满足工业发展需求的能力，从最初的生产效率提升工具，发展成现代企业管理中追求卓越运营的不可或缺的组成部分。图5-1为5S管理方法示意图。

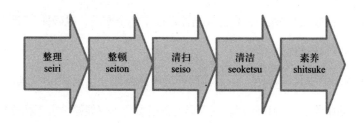

图5-1　5S管理方法示意图

整理（seiri）：是5S的第一步，它要求清除不必要的物品，将工作场所中的物品分类，只保留必需的物品。这一步骤有助于减少寻找工具和材料所需的时间，提高工作效率。

整顿（seiton）：要求对所有物品进行有序的放置和标识，确保每样物品都有固定的存放位置。这样一来，员工能够快速找到所需的物品，减少不必要的时间浪费。

清扫（seiso）：强调保持工作场所的清洁，及时清理垃圾和污物。这不仅有助于改善工作环境，还能预防设备故障和维护员工健康。

清洁（seiketsu）：是维持整理、整顿和清扫的成果，通过制定标准和规范，确保工作场所持续保持在最佳状态。这有助于形成一种持续改进的企业文化。

素养（shitsuke）：是5S的第五个方面，它指培养员工遵守5S原则的习惯和纪律，通过持续的教育和实践，使5S成为员工日常工作的一部分。

通过实施5S管理，企业可以有效地提高工作效率、降低生产成本、提升产品质量、增强员工的工作满意度和忠诚度。同时，5S还能够提升企业形象，吸引客户和合作伙伴，为企业带来更多的商业机会。

为了更好地推广5S管理，企业应当编写和使用一本适合员工及一线管理者的

5S手册。这本手册应当图文并茂、内容精美、易于理解和实践。通过这本手册，员工可以清晰地了解5S的每个环节，掌握实施5S的具体方法和步骤。此外，企业还应当定期组织5S培训和交流活动，鼓励员工分享5S实施经验和成果，形成全员参与、全员实践的良好氛围。通过这些活动，员工可以相互学习、相互激励，共同推动5S管理的深入实施和持续改进。

在推广5S管理的过程中，企业应当注重以下几个方面，以确保5S理念深入人心，实现真正的效益提升。

① 领导层的支持与示范：企业高层管理者应当充分认识到5S管理的重要性，并在实际行动中给予支持和示范。领导层的积极参与不仅能够为员工树立榜样，还能够传递出企业对5S管理的重视程度，从而激发员工的参与热情。

② 持续的教育与培训：企业应当定期对员工进行培训，确保每位员工都能够理解5S的基本原则和实施方法。此外，企业还可以通过举办研讨会、工作坊等形式，让员工分享5S实施的经验和成果，促进知识的交流和传播。

③ 明确的目标与计划：在实施5S管理时，企业应当设定清晰的目标和计划。这些目标应当具体、可衡量，并且与企业的整体战略相一致。通过制订详细的行动计划，企业可以确保5S管理的实施有序进行，并能够及时调整和优化策略。

④ 有效的沟通与反馈：企业应当建立有效的沟通机制，确保5S管理的进展和问题能够得到及时的反馈和解决。这包括定期的进度报告、问题解决会议等。通过开放和透明的沟通，企业可以增强员工的参与感和归属感，提高5S管理的成功率。

⑤ 激励与认可：为了鼓励员工积极参与5S管理，企业应当设立相应的激励机制。这可以是物质奖励，如奖金、礼品等，也可以是精神奖励，如表彰、荣誉证书等。通过这些激励措施，企业可以激发员工的积极性和创造力，推动5S管理的深入实施。

⑥ 持续改进的文化：5S管理不是一次性的活动，而是一个持续改进的过程。企业应当鼓励员工持续寻找改进的机会，不断优化工作流程和环境。通过建立持续改进的文化，企业可以确保5S管理的长期效果，实现持续的效益提升。

综上所述，5S管理的实施需要企业全体员工的共同努力和持续投入。通过领导层的支持、持续的教育与培训、明确的目标与计划、有效的沟通与反馈、激励与认可以及持续改进的文化，企业可以成功地推广5S管理，提升工作效率，降低成本，提高产品质量，最终实现企业的可持续发展。通过这些综合措施，5S管理不仅能够为企业带来立竿见影的效果，还能够在长远中培养出一种积极、高效、有序的企业文化，为企业的持续发展奠定坚实的基础。

在企业的运营活动过程中，有一种专门研究人、物、场所三者之间关系的学问，被称为定置管理。

定置管理的最高境界是：人、物合一。"合一"不一定是指人物相连，而是指人总是知道物在哪里。员工与其所使用的物品紧密结合，便可以用最科学最有效的方法从事企业营运活动。

5.1.1　5S 的作用

5S管理不仅仅是一种简单的现场管理工具，它实际上是一种全面的管理哲学，对企业的各个方面都有着深远的影响。通过实施5S，企业能够在追求效率、质量和安全的同时，建立起一种持续改进和追求卓越的文化。

① 5S作为最佳推销员：一个干净整洁的工作场所能够给顾客留下深刻的印象。当顾客对企业的工作环境表示赞赏时，他们对企业的信任度也会随之提高。这种信任感会使顾客更愿意与企业建立长期的合作关系，甚至成为企业的自发推广者。通过口碑传播，企业的市场影响力和客户基础将得到显著提升。

② 5S作为节约家：通过有效的整理和整顿，5S帮助企业减少不必要的空间占用，避免资源浪费。这不仅包括物理空间，还包括时间资源——员工不再需要花费大量时间在混乱的环境中寻找所需的工具或材料。这种节约直接提高了工作效率，降低了生产成本，增强了企业的竞争力。

③ 5S对安全有保障：一个明亮、视野开阔的工作场所不仅有助于提高工作效率，还能显著增强现场的安全性。清晰的标识和有序的布局使得潜在的安全隐患无处遁形，员工能够清楚地识别并避免危险。此外，明确的通道和区域划分确保了工

作场所的顺畅，减少了因杂乱无章导致的意外事故。

④ 5S作为标准化的推动者：5S管理强调"3定"（定点、定容、定量）和"3要素"（场所、方法、标识）的原则，这些原则有助于规范现场作业流程，确保每个人都按照既定的标准执行任务。这种规范化的操作不仅带来了产品质量的稳定性，还有助于降低成本，因为减少了因错误和返工导致的浪费。

⑤ 5S形成令人满意的职场：一个明亮、清洁的工作场所能够提升员工的工作满意度和幸福感。当员工参与到改善活动中，他们不仅能够感受到自己的贡献，还能从中获得成就感。这种积极的工作氛围鼓励现场全体人员参与到持续改进的过程中，共同创造一个更好的工作环境。

⑥ 5S作为员工自我发展的培养者：5S管理鼓励员工养成良好的工作习惯，通过不断自我检讨和改进，员工能够提升自己的专业技能和个人素质。这种自我提升的过程不仅有助于个人职业发展，也为企业提供了一个不断学习和进步的人力资源库。

总之，5S管理是一种全面提高企业管理水平和核心竞争力的有效工具。它通过创建一个有序、安全、高效的工作环境，不仅能够提升企业的外在形象，还能够激发员工的内在潜力，促进企业的持续发展和成功。

5.1.2　5S 方法

（1）第一个S：整理——常组织（见表5-1）

表5-1　5S方法："整理"实施规划

精简要领	实施程序		目的	
分类处理	1	处理不需要的东西	1	腾出空间，空间活用
	2	把工作场所的物品分3类：常用、不常用、不要	2	防止误送、误用
	3	将不要、无用的物品丢弃	3	塑造清爽的工作环境

常组织的典型活动：

① 扔掉不需要的东西；

② 处理脏物、泄漏和噪声形成的原因；

③ 组织清扫地面和工作间；

④ 处理缺陷、破损；

⑤ 组织零件和文件的存放；

⑥ "单一是最好"运用之一——一套工具；

⑦ "单一是最好"运用之二——只用一页纸的表格或工作报告；

⑧ "单一是最好"运用之三——一天完成工作过程；

⑨ "单一是最好"运用之四——一站性的顾客服务；

⑩ "单一是最好"运用之五——文件放在一个地方（建立分享文件系统）。

分层管理：常组织的艺术就是分层管理，分层管理包括先判断物品的重要性，再减少不必要的积压物品，见表5-2。

表5-2 "整理"分层管理规划

常用程度	必需的程度（使用频率）	保存方法（分层管理）
低	过去1年都没有使用的物品	扔掉
	过去6~12个月中只使用过1次的物品	保存在比较远的地方
中	过去2~6个月中只使用过1次的物品	保存在工作区域的中间部分
	1个月使用1次以上的物品	
高	1周要使用1次的物品	保存在工作区域的附近
	每天都要使用的物品	随身携带
	每小时都要使用的物品	

单一是最好：常组织活动中有一条称作"单一是最好"的原则，利用该原则的为典型活动的第⑥~⑩个活动，还有当天处理当天文件，当天完成当天生产任务。

中国有句古话——今日事今日毕,以及流传甚广的《明日歌》,都有深刻的借鉴意义,只有把常组织和常自律结合起来,才能达到今日事今日毕的目的。

(2)第二个S:整顿——常整顿(见表5-3)

表5-3 5S方法:"整顿"实施规划

精简要领	实施程序		目的	
定位定量	1	将需要的东西分类、分区、加标识	1	打造整整齐齐的工作场所及环境
	2	规划存置方法	2	工作场所一目了然
			3	消除找寻物品的时间
			4	消除过多的积压品
	3	进行定置管理	5	进行目视管理
			6	提高工作效率的基础

常整顿的典型活动:

① 所有东西都有一个清楚的名字和位置;

② 30秒内取出和放回文件;

③ 存档标准和控制;

④ 分区和地点标记;

⑤ 清除盖子和锁;

⑥ 先入先出的安排;

⑦ 整洁的公布板(同时清除已作废的公告);

⑧ 明确易懂的通知(包括分区);

⑨ 直线和直角式布置;

⑩ 各部门内的材料、零件、工具等的放置。

所有东西都有一个清楚的名字和位置：一件东西通常有2个名称，它的正式名称和人们通常叫它的名称，必须先决定采用哪个名称。每件东西采用了统一的名称并不足够，还应该有一个存放地点，并确定东西应该怎样放置、放置后怎样标示，这很重要，如图5-2所示。

图5-2　整理后的现场工具箱

（3）第三个S：清扫——常清洁（见表5-4）

表5-4　5S方法："清扫"实施规划

精简要领	实施程序		目的	
洗刷 清洁 检查	1	将工作场所、机器、设备打扫清洗干净及点检	1	稳定质量
	2	不要在工作场所弃置零乱和产生污物	2	减少工业伤害
	3	保持整洁、亮丽		

常清洁的典型活动：

① 个人清洁责任划分；

② 使清洁和检查更容易；

③ 保持经常的卫生运动；

④ 卫生检查和纠正小问题；

⑤ 清洁那些多数尚未注意到的地方。

每个人都应该有清洁地方：常清洁应该由整个工厂所有人员，上至总经理，下至每个员工，一起来完成，而不仅仅是清洁工的职责。有些几千人的工厂，清洁工只有2~3人，甚至没有，但依旧保持清洁，这就是每个人都有清洁责任区域、共同努力的结果。

常清洁的格言如下：

① 我不会使东西变脏；

② 我不会随地倒水；

③ 我不会随地吐痰；

④ 我不会乱丢东西；

⑤ 我会马上清理这些东西；

⑥ 我会把杂物捡起来；

⑦ 我会把掉下来的标示再贴上去。

找出并杜绝污染来源：这是常清洁的关键，只有找出并杜绝污染来源，才是彻底解决污脏的唯一途径，这一点至关重要。

（4）第四个S：清洁——常规范（见表5-5）

表5-5　5S方法："清洁"实施规划

精简要领	实施程序		目的
制度 立法守法 规格化	1	每天做好，并定期推行上述3S	不断维持上述3S
	2	保持个人的清洁卫生，维持一个干净、整洁、健康的工作环境	1

常规范的典型活动：

① 保持透明度（如一眼看穿的玻璃盖）；

② 检查合格标记和标签；

③ 检查危险区标记和开关上的标记；

④ 检查报警标记和记号；

⑤ 检查灭火器和出口标志；

⑥ 检查管道、通道等方向标志；

⑦ 检查开关方向标签；

⑧ 使用有颜色的管道；

⑨ 坚持防止出错的做法；

⑩ 检查责任标签；

⑪ 电话／电话线管理；

⑫ 使用彩色符号——纸、文件、柜等；

⑬ 防止产生噪声和振动；

⑭ 检查部门／办公室的标志和名牌；

⑮ 打造园林式的环境（花园办公室／工厂）。

全面视觉管理：作为一种有效的持续改进手段而备受关注及推广，色彩管理不仅创造出一些颜色代号，而且创造出一个轻松愉快的工作环境，人们喜欢白色衣服，乃是因为白色衣服既可显示其所受的污物，也可充当显示污染指针和突出需进行清洁工作的必要。视觉管理其中一个有效方法就是张贴合适的标签。

透明度：工具或文件被放在有锁的柜内或架上，眼不见为干净，是自欺欺人的行为，因为人们看不见，不会注意，就常常会杂乱无章，是人的惰性所致。解决这类问题最好的方法是使用透明的盖子，这样做易于检查并让人知道内部储存情况。

视觉监察法：为了让人看得见风扇吹风的方向，有人便在风扇上系上小小的丝带，这种方法被称作视觉监察法，稍微改变一下，电工在排水管上装上小塑料块，便能看见水的流动了。

故障地图：当某部门出现了问题，可以用大头针插在工厂地图相应位置上表示，问题有很多，如紧急出口、救火设备、机器、人员等的问题。

量化：不断测量，并对量化结果进行统计分析，才能发现缺陷并防患于未然。

（5）第五个S：素养——常自律（见表5-6）

表5-6　5S方法："素养"实施规划

精简要领		实施程序		目的
自律、个人素养、品质、正身、保持维护、训练及遵守纪律	1	每人每天持续实践上述4S，便形成主动及自律习惯	1	促使全体员工养成良好习惯
	2	制定规章制度及遵守和评审	2	遵守规章制度做事
	3	不断维持并确保5S活动的持续推进	3	营造团队精神

常自律的典型活动：

① 定期全面清洁；

② 全体人员每天锻炼身体；

③ 训练收拾组件和垃圾；

④ 穿戴安全帽/手套/鞋等；

⑤ 公用空间的5S管理；

⑥ 处理紧急情况的训练；

⑦ 履行个人职责；

⑧ 良好的电话和沟通训练；

⑨ 编写和遵守5S管理方法手册；

⑩ 检查5S环境。

常自律：遵守纪律便是生活畅顺的基本工具。

常自律：比纪律更为重要，如果某人是迫于遵守某种纪律而做某事，那么下一次他就不一定会遵守纪律来做一样的事，而常自律却能保证日常工作的连续性。

纪律是一个重复、实践的过程，只是想想遵守纪律是工业安全不可分割的一部分是不够的。多少人清洁时把手伸进机器里却未先关掉电源而出了事故？多少人因衣衫或戴的手套被转动的机器卷进去而受到伤害？由此可见：每个人都养成遵守简单操作规程的习惯是何等重要。

麦格雷戈发现人们对待工作的态度有以下2种。

X理论——如果某人讨厌自己的工作，他就会尽一切可能来逃避工作。

Y理论——如果某人喜欢自己的工作，他就会努力工作以获得成功。

为了成功地实现从X理论到Y理论，工厂应制定某种形式的纪律，如程序文件和工作指引等，接着肯定员工的常自律精神，员工也应提高自身的自律标准。

5.1.3　5S 的实施

第1步：获得最高管理层的承诺并做好准备。

推广5S，"每次只做一件事"的方法很重要，而且，每做一件事情都要彻底完成。

实施5S的第1步可分为以下几个层次。

做出一个决定并付诸实施（如：弃掉所有不必要的东西，进行一次大扫除，进行五分钟清洁活动）。

制作并使用工具（如：制作存放东西的专门柜子和架子、指示标签和表示位置的数据和符号）。

做些要求把改善作为先决条件的事（如：制作用来防止碎屑扩散的护罩，实施防止泄漏的措施）。

做些需要其他部门帮助的事情（如：修理有缺陷的机器，改变工作场所布置，防止漏油）。

第2步：促进活动。

第一件事情就是要编制5S促进运动时间表。

这个计划可分为以下10项活动。

① 获得最高管理者的承诺，评估现状和制订实施计划。

② 为5S管理方法促进者设立一个5S工作场所，每个S均选取1项事情来完成。

③ 第一个S——常组织（例如：弃掉不需要的东西）。

④ 第二个S——常整顿（例如：给每件东西命名并定好它们的位置）。

⑤ 第三个S——常清洁（例如：全体大扫除）。

⑥ 第四个S——常规范（例如：视觉管理和透明度管理）。

⑦ 第五个S——常自律（例如：进行自己的5S管理方法审核活动）。

⑧ 颁奖给实施5S管理方法表现最佳的部门或个人。

⑨ 评审以上促进活动，并为下一步的5S管理做出计划。

第3步：记录。

不仅要记录所做出的决定，而且要记录遇到的问题及针对问题所采取的行动和所达到的结果，记录的方法如下。

① 拍照——是一种保存记录的良好方法。

② 录像——已被用作一种解决问题和说服观众的省力工具。

③ 标记——标记可以生动地提醒人们还剩多少事要做。

④ 量化——采用适当的方法给正在做的事情和已取得的进步进行量化是很重要的。

⑤ 博览室——可以将一些旧工具、旧设备保存在一间特殊的博览室里，展示过去的东西。

第4步：培训。

5S的目标是把所有的东西都维持在一个理想的水平。

真正的进步不是一步而成的，而是通过细小的改善活动形成的。完全靠一个人所取得的进步，和总是依赖别人帮助所取得的进步，都不是真正的进步。所以，大家一起努力，共同进步，训练人员能够制订并实施自己的方案很有必要。

第5步：评估。

每个人都很忙，因此很难使每个人都能自觉地把5S管理方法当作日常惯例的一部分，必须确定5S活动评估或类似的方法，令每个人都能够了解正在发生的事和发现的问题。

需要设计某种方法使每个人都能以友好而不太紧张的态度来竞争，评估工具是达到目的的关键。

巡检：只需要知道该看什么东西和有权指出要解决的问题就够了。

相互评估：只需要让研究类似问题的小组向另一小组提供建议就行了，相互评估的优点就是可以让小组里的每个人交流思想和相互学习。

5.2　现场安全

在工厂生产中，安全生产是至关重要的一环，它不仅关系到员工的生命安全和身体健康，也是企业稳定运营和可持续发展的基础。为了确保工作场所的安全，企业必须建立和执行一系列安全生产的措施和制度。

首先，企业需要提高对现场安全的认识，意识到防止人类生命损伤不仅是道德上的基本要求，也是提高工厂效率和保障企业利益的关键。企业应消除可能引起伤害事故的各种因素，包括不安全的环境、不安全的设备和不安全的行为。这要求企业主管承担起提供安全工作环境的责任，同时，每位员工也应遵守工作安全规定，共同实现安全生产。

为了实现这一目标，企业应建立全面的安全生产教育制度，包括思想教育、法规教育、安全技术教育等，特别是对新职工进行三级安全教育，以及对特殊工种的员工进行专门的安全培训。此外，企业还应定期开展安全宣传教育活动，提高员工的安全意识和自我保护能力。

安全技术知识是预防事故的重要工具。企业应教给员工如何防爆、防火和防电，以及其他相关的安全技术知识，确保员工能够在面对潜在危险时采取正确的预防和应对措施。图5-3为现场张贴的安全管理标志。

安全检查是保障安全生产的另一关键环节。企业应制订详细的安全检查内容和形式，定期对工作场所进行安全检查，及时发现并消除安全隐患。安全检查不仅包

图5-3 安全管理标志

括设备和环境的检查，还应涵盖员工的操作行为的检查。

当事故发生时，企业需要有一套有效的事故处理措施，包括紧急措施的采取、事故的调查分析和统计及相关人员的处分。这一系列做法有助于企业从事故中吸取教训，防止类似事件的再次发生。

作为生产车间的管理者，必须认识到安全生产不是一时的任务，而是一项长期的、持续的工程。在这个过程中，现场安全应着重考虑以下四个方面。

① **以人为本的安全管理**：管理层需要更新观念，摒弃保守思想，重视员工素质的提升。通过深入了解员工的思想动态，消除隐患，改进工作方式方法，营造和谐的团队氛围。

② **注重作业过程的控制**：建立严格的管理考核机制，加强对现场作业的检查和监督，确保安全隐患得到及时发现和处理。同时，对基层部门的考核要结合实际，避免片面性，确保结果和过程的统一。

③ **班组自我管理的转变**：建立班组考核机制，形成从车间到班组、小组再到岗位的逐级考核体系。通过下放责权利，激发员工的积极性，实现安全管理的自控、互控和他控，从而夯实安全管理的基础。

④ **超前防范的安全管理**：主动识别和解决问题，敢于面对并解决突出的安全隐患。通过确立防范措施，突出预防为主的方针，对发现的问题迅速采取措施，重点控制关键岗位，预防问题的产生。

安全生产需要企业从高层到基层员工的全员参与和共同努力。通过提高安全意识、加强安全教育、执行安全检查和完善事故处理机制，企业能够有效地降低安全事故的发生率，为员工提供一个安全健康的工作环境，同时也为企业的长远发展奠定坚实的基础。

第6章
培训管理

规模化发展的企业，必须进行例行的员工培训，才能使员工逐步达到企业不断发展的要求。所以，组织为了提高劳动生产率和个人对职业的满足程度，直接有效地为组织生产经营服务，不断采取各种方法，对组织的各类人员进行教育培训。

美国经济学家、诺贝尔经济学奖得主舒尔茨发现，单纯从自然资源、实物资本和劳动力的角度，不能解释生产力提高的全部原因，作为资本和财富的转换形态的人的知识和能力是社会进步的决定性原因。但是它的取得不是无代价的，它需要通过投资才能形成，组织培训就是这种投资中重要的一种形式。

注塑工厂培训的直接目的是丰富员工的知识、提高员工的技能、改变员工的态度，培训的间接目的是使企业与员工形成共同目标以维持企业的持续发展。

① 优化人员与岗位匹配。以岗择人、人岗相适是企业发挥员工积极性的重要途径。随着企业的发展，大部分员工都不同程度地存在达不到岗位要求的情况，企业需要通过培训使员工更好地胜任自己的本职工作，以在自己的岗位上发挥更大的

作用。

②提高员工的能力和技术水平。企业的发展对员工的能力和技术水平提出了新的要求，只有通过培训才能使员工的能力和技术水平的提高与企业的发展同步。

③提高员工的综合素质。员工的综合素质如何直接关系到企业的发展，通过企业培训提高员工的综合素质是企业培训的重要目的。

④有效沟通、团结合作。通过培训使得注塑工厂员工之间能够有效地进行思想、观念、信息、情感的交流以促进彼此的了解，形成企业内部和谐的人际关系、高效的工作团队，团结合作完成企业的目标。

6.1　注塑工厂培训计划

注塑工厂培训计划旨在通过系统化培训，提升员工的专业技能和管理能力，增强团队协作能力，提高生产效率和产品质量，实现员工个人价值与企业目标的双赢。

（1）管理程序培训

管理程序培训是注塑工厂培训计划的重要组成部分。其核心在于帮助员工理解和适应新的管理流程和工作方法。

培训内容：介绍新的工作流程，如从人工上料过渡到自动上料机的使用。

目标：消除员工对新流程的疑虑，预判并处理可能出现的问题。

方法：通过案例分析、角色扮演和现场指导，培养员工对新设备的使用习惯。

（2）岗位技术培训

岗位技术培训关注于提升员工的专业技能、解决实际工作中的技术难题。

培训内容：注塑技术、模具温度控制、产品质量保证等。

目标：减少生产成本，提高产品一次合格率。

方法：通过实际操作、技能测试和案例分享，提升员工的技术水平。

（3）培训实施策略

需求分析：根据企业发展和员工需求确定培训内容。

目标明确：设定清晰的培训目标，确保培训内容与企业目标一致。

理论与实践结合：结合理论知识和实际操作，使培训更加贴近实际工作。

案例教学：通过分析成功和失败的案例，让员工从中吸取经验教训。

（4）培训方法的选择

互动式教学：鼓励员工参与讨论，增强培训的互动性和实效性。

角色扮演：通过模拟实际工作场景，提高员工的实际操作能力。

现场指导：在工作现场进行指导，帮助员工解决实际问题。

在线学习：利用网络资源，提供灵活的学习时间和方式。

（5）持续改进与创新

培训是一个持续的过程，需要不断地根据企业发展和员工成长进行调整和优化。

持续监控：对培训效果进行持续监控和评估。

技术升级：根据技术发展，定期进行培训内容的升级。

管理优化：优化培训管理策略，提高培训效率和增强培训效果。

注塑工厂培训计划是提升员工技能和企业竞争力的关键。通过有效的培训，企业能够培养一支技术过硬、适应能力强的员工队伍，实现企业的长远发展。管理者应重视培训工作，将其作为企业发展的重要组成部分。

6.2　企业培训方法

企业培训的效果在很大程度上取决于培训方法的选择，当前，企业培训的方法有很多种，不同的培训方法具有不同的特点，其自身也是各有优劣。要选择合适有效的培训方法，需要考虑到培训的目的、培训的内容、培训对象的自身特点及企业具备的培训资源等因素。下面将介绍企业培训常用的7种方法的特点和适用范围，以供参考。

① 讲授法：属于传统模式的培训方式，指培训师通过语言表达，系统地向受训者传授知识，期望这些受训者能记住其中的重要观念与特定知识。

【要求】培训师应具有丰富的知识和经验；讲授要有系统性，条理清晰，重点、难点突出；讲授时语言清晰、生动准确；必要时运用板书；应尽量配备必要的多媒体设备和资源，以加强培训的效果；讲授完应保留适当的时间让培训师与学员进行沟通，用问答方式获取学员对讲授内容的反馈。

【优点】运用方便，可以同时对许多人进行培训，经济高效；有利于学员系统地接受新知识；容易掌握和控制学习的进度；有利于加深理解难度大的内容。

【缺点】学习效果易受培训师讲授的水平影响，如同前面所述，有些学员本身是在这行业能力还不错的人员，主观上要对教师权威性要求更高；由于主要是单向性的信息传递，缺乏教师和学员间必要的交流和反馈，学过的知识不易被巩固，故常被运用于一些理念性知识的培训。

② 工作轮换法：这是一种在职培训的方法，指让受训者在预定的时期内变换工作岗位，使其获得不同岗位的工作经验，一般主要用于新进员工。现在很多企业采用工作轮换则是为培养新进入企业的年轻管理人员或有管理潜力的未来的管理人员。

【要求】在为员工安排工作轮换时，要考虑培训对象的个人能力以及需要、兴趣、态度和职业偏爱，从而选择与其合适的工作；工作轮换时间长短取决于培训对象的学习能力和学习效果，而不是机械地规定某一时间。

【优点】工作轮换能丰富培训对象的工作经历；工作轮换能识别培训对象的长处和短处，企业能通过工作轮换了解培训对象的专长和兴趣爱好，从而更好地开发员工的特长；工作轮换能增进培训对象对各部门管理工作的了解，扩展员工的知识面，为受训对象以后完成跨部门、合作性的任务打下基础。

【缺点】如果员工在每个轮换的工作岗位上停留时间太短，所学的知识不精；此方法鼓励"通才化"，适合于一般直线管理人员的培训，不适用于职能管理人员。

③ 师徒法：这种方法是由一位有经验的技术能手或直接主管人员在工作岗位上对受训者进行培训，如果是单个的一对一的现场个别培训则称为企业常用的师带徒培训。负责指导的教练的任务是教给受训者如何做，提出如何做好的建议，并对受训者进行鼓励。这种方法不一定要有详细、完整的教学计划，但应注意培训的要点：第一，关键工作环节的要求；第二，做好工作的原则和技巧；第三，需避免、防止的问题和错误。

【要求】培训前要准备好所有的用具，搁置整齐；让每个受训者都能看清示范物；教练一边示范操作一边讲解动作或操作要领。示范完毕，让每个受训者反复模仿实习；对每个受训者的试做给予立即的反馈。

【优点】通常能在培训者与培训对象之间形成良好的关系，有助于工作的开展；一旦老员工调动、提升或退休、辞职，企业能有训练有素的新员工顶上。

【缺点】不容易挑选到合格的教练或师傅，有些师傅担心"带会徒弟饿死师傅"而不愿意倾尽全力。所以应挑选具有较强沟通、监督和指导能力以及宽广胸怀的教练。

④ 研讨法：按照操作的复杂程序又可分成一般研讨会与小组讨论两种方式。研讨会多以专题演讲为主，中途或会后允许学员与演讲者进行交流沟通。研讨法培训的目的是提高能力、培养意识、交流信息、产生新知。比较适宜于管理人员的训练或用于解决某些有一定难度的管理问题。

【要求】每次讨论要建立明确的目标，并让每一位参与者了解这些目标；要使受训人员对讨论的问题发生内在的兴趣，并启发他们积极思考。

【优点】强调学员的积极参与，鼓励学员积极思考，主动提出问题，表达个人的感受，有助于激发学习兴趣；讨论过程中，教师与学员间、学员与学员间的信息可以多向传递，知识和经验可以相互交流、启发，可取长补短，有利于学员发现自己的不足，开阔思路，加深对知识的理解，促进能力的提高。据研究，这种方法对提高受训者的责任感或改变工作态度特别有效。

【缺点】运用时对培训指导教师的要求较高；讨论课题选择得好坏将直接影响培训的效果；受训人员自身的水平也会影响培训的效果；不利于受训人员系统地掌握知识和技能。

⑤ 视听技术法：就是利用现代视听技术（如投影仪、录像、电视、电影、电脑等工具）对员工进行培训。

【要求】播放前要清楚地说明培训的目的；依讲课的主题选择合适的视听教材；以播映内容来发表个人的感想或以"如何应用在工作上"为主题来讨论，最好能边看边讨论，以增加理解；讨论后培训师必须做重点总结或将如何应用在工作上的具体方法告诉受训人员。

【优点】由于视听培训是运用视觉和听觉的感知方式，直观鲜明，所以比讲授法或讨论法给人的印象更深；教材生动形象且给学员以真实感，所以也比较容易引起受训人员的关心和兴趣；视听教材可反复使用，从而能更好地适应受训人员的个别差异和不同水平的要求。

【缺点】视听设备和教材的成本较高，内容易过时；选择合适的视听教材不太容易；学员处于消极的地位，反馈和实践较差，一般可作为培训的辅助手段。

⑥ 案例研究法：指为参加培训的学员提供员工或组织如何处理棘手问题的书面描述，让学员分析和评价案例，提出解决问题的建议和方案的培训方法。案例研究法为美国哈佛管理学院所推出，目前广泛应用于企业管理人员的培训。目的是帮助他们具有良好的决策能力，帮助他们学习如何在紧急状况下处理各类

事件。

【要求】案例研究法通常是向培训对象提供一则描述完整的经营问题或组织问题的案例，案例应具有真实性，不能随意捏造；案例要和培训内容相一致，培训对象则组成小组来完成对案例的分析，做出判断，提出解决问题的方法。随后，在集体讨论中发表自己小组的看法，同时听取别人的意见。讨论结束后，公布讨论结果，并由教员再对培训对象进行引导分析，直至达成共识。

【优点】学员参与性强，变学员被动接受为主动参与；将学员解决问题能力的提高融入知识传授中，有利于使学员参与企业实际问题的解决；教学方式生动具体，直观易学；容易使学员养成积极参与和向他人学习的习惯。

【缺点】案例的准备需时较长，且对培训师和学员的要求都比较高；案例的来源往往不能满足培训的需要。

⑦ 企业内部电脑网络培训法：这是一种新型的计算机网络信息培训方式，主要是指企业通过内部网，将文字、图片及影音文件等培训资料放在网上，形成网上资料馆、网上课堂供员工进行课程的学习。这种方式信息量大，新知识、新观念传递优势明显，更适合成人学习。因此，特别为实力雄厚的企业所青睐，也是培训发展的一个必然趋势。

【优点】使用灵活，符合分散式学习的新趋势，学员可灵活选择学习进度，灵活选择学习的时间和地点，灵活选择学习内容，节省了学员集中培训的时间与费用；在网上培训方式下，网络上的内容易修改，且修改培训内容时，不需重新准备教材或其他教学工具，费用低；可及时、低成本地更新培训内容；网上培训可充分利用网络上大量的声音、图片和影音文件等资源，增强课堂教学的趣味性，从而提高学员的学习效率。

【缺点】网上培训要求企业建立良好的网络培训系统，这需要大量的培训资金；该方法主要适合知识方面的培训，一些如人际交流的技能培训就不宜使用网上培训方式。对以上各种培训方法，可按需要选用一种或若干种并用或交叉应用。培训部门在制订培训计划时，应做到因需施教、因材施教、注重实效。

6.3 培训效果评价

训练成效评估的四个层次如下。

（1）反应评估

所谓"反应评估"是评估学员对课程的满意程度。通常是于课程结束前邀请学员填写课后问卷以了解学员对课程的满意程度，并将搜集的意见作为未来举办同样课程的改善参考。问卷项目通常包括课程实用性、深浅难易度、时间长短、讲师讲授技巧等。

这一层次的评估是训练主办人员最能掌控的，如课程规划、讲师遴选、教材编辑等方面，因此，每堂课后皆应进行课后问卷调查，并可以学员满意度作为训练主办人员年终绩效评估项目之一。

（2）学习评估

大家也了解，学员满意并不保证学员学习效果，而学习效果不能验证，便无法证实训练对公司的实质贡献，因此，实有必要进一步进行学习评估。

所谓"学习评估"，就是指根据训练目标，测量学员对所学的知识、技能的了解吸收程度。根据课程类型不同有如下不同的评估方式。

书面测验，是用来了解学员对专业知识的理解程度的。常见的书面测验是于课后一周内进行书面测验（包括是非/选择/填空题与写作），及格分数大多设定为70分。测验的目的是让学员能于课后温习，以便对于最根本而重要的观念能牢记在心。

模拟情景，即在课后设计一些工作中的模拟情境，以观察学员是否能正确应用所学的相关观念与技巧。这种情景模拟评估方式在管理技能训练与顾客服务训练课程中较常被用来评估学习成效。

操作测验，例如电脑操作训练，应设计实作题，以便评估学员是否已会操作使用。

学前、后比较，即在课前先自我测试对于授课内容的了解程度，然后在上完课后再做一次测试，课前、后差异的比较便表示所学到之处。这种比较法通常是在管理技能训练中使用。

上述三种学习评估方式，亦常被企业用作员工能力评估的方法。

（3）行为评估

即通过训练前、后行为的改变，以评估训练对受训员工绩效改变的程度，这样的评估是最能直接反应训练绩效的。然而，这方面的评估，有赖于受训员工主管、同事，甚至部属的观察与回馈。

课前、后问卷调查，适用于专业技能培训，因这种训练，大多可使学员由不会到会、由会到熟练或训练由简单到困难，是容易辨识的，所以教育训练主办人员可于课前通过结构式问卷，向受训员工主管调查受训员工目前能力水准，然后在课后1～3个月再施予同样的问卷调查，比较其差异，便可了解受训员工将所学运用于工作中的情形。

一般而言，同样的课程，每位学员的学习与应用能力通常多少都有所不同，这可能是因员工本身，亦可能是因主管或环境，但若执行事后的问卷追踪，则可提高受训员工与主管的重视程度，进而达到间接强化学习的效果。

（4）组织效益评估

组织效益评估是评估训练对组织绩效，如生产力、销售额、顾客满意度、品质改善等的影响。但事实上，影响组织绩效的变数很多，可能是经济环境、新制度、新机器设备、新主管等因素，所以较难证明训练与组织绩效的直接关联性。

案例：力劲集团是生产压铸机、注塑机、加工中心的大型机械公司，在国内外有七个生产基地。其压铸机国际及国内市场占有率第一，也是国内主要注塑机生产厂家之一，与清华大学合作成立注塑机研发基地。其职训中心主要负责集团全体成员职业培训及客户技术人员、管理人员培训。师资力量主要由外聘、专职、工程技术及管理人员组成。

集团所有管理人员及工程师均实行学分制，每一次讲课计1分讲课学分，每一次听课计1分听课学分。全年工作有学分任务，并和绩效奖金挂钩。另外在工作中还有必上的课程需要出席，课程完成后即马上进行笔试，合格有高额奖励，不合格要受到罚款惩罚。来培训的客户考核不合格也会反馈到客户公司，考核合格颁发相应注塑或压铸资格证书。

注塑培训的内容一般是注塑机技术及注塑工艺技术、注塑厂管理等方面内容，每一课时均由专业工程师或者外聘专家编写教材，通过幻灯片形式或研讨会形式授课，课间设案例分析、提问解答等方便学员理解。

内部员工培训由职训中心专职教师负责企业文化、公司制度、ISO9000、5S等系统性培训，由各部门经理或主管培训生产流程、车间制度、操作技术，由相关工程师培训产品技术、产品设计、产品质量要求等。部门经理也要参加其他部门组织的有关技术和管理方面的培训，以争取完成年度听课学分。因为形成制度的听课学分制，也一定程度上降低了一些自认特权的人抗拒培训的可能性。定期邀请北京大学、清华大学、北京化工大学等的专家和教授为公司工程师及管理人员讲授新技术及管理知识。

　　精益生产的定义是：通过消除企业所有环节上的不增值活动，来达到降低成本、缩短生产周期和提高质量的目的。精益生产也就是及时制造，消灭故障，消除一切浪费，向零缺陷、零库存进军。

　　精益生产起源于20世纪50年代的日本丰田汽车公司，到20世纪80年代被欧美企业纷纷采用，随着微利时代的来临，精益模式成了企业竞争最强有力的武器。

7.1　时间研究

（1）定义

　　时间研究为一种应用技术，旨在决定一名合格人员在一定的标准下完成某一特定工作所需的时间。须先建立标准方法，再建立标准时间。实施方法改善，机构方面增加生产、降低成本。

（2）作用

① 决定工作时间标准，并用以控制人工成本；

② 拟定标准时间，作为奖励制度的依据；

③ 凭此决定工作日程及工作计划；

④ 决定标准成本，并作为准备预算的依据；

⑤ 在制造前先计算其成本，此种资料对决定制造成本以及售价都很有价值；

⑥ 决定机器的使用效率，并用以帮助解决生产的平衡；

⑦ 决定操作人员操作的安排，判断一个人能否操作若干台机器，或是否需若干人组成一组来操作一台机器；

⑧ 除可用以决定直接人工的工资外，也可用以决定间接人工的工资。

（3）时间研究的准备

① 工厂布置方法。

② 产品的制程分割状况。

③ 各工序的作业方法。

④ 材料、零件的供应品质。

⑤ 人员流动状况。

对以上5项先做了解，尤其管理制度不佳的工厂应针对问题进行改善，加上后面的工作准备，时间研究才易奏效。

⑥ 时间研究方法及用具的决定。

⑦ 时间研究的观测方法。

⑧ 作业要素的分清。

⑨ 观测中的记录方法。

⑩ 记录的整理。

⑪ 改善项目提出的方法。

⑫ 制定标准时间的方法。

（4）实施时间研究的基本程序

① 选择：选择需要测时的工作，注意选择适合测时的工作及对象（如注塑成型周期）。

② 记录：记录所有与工作环境、工作单元和方法及工作人员等有关的资料。

③ 测时：用测时的方法测量记录工作中每一单元的时间，至于所需测量记录的"周期"次数，必须以保证能获得具有代表性的实况为准。

④ 检查：严格检查已记录的各种数据及各单元的时间，确保非生产性单元或偶发性单元均与自生产性单元分开。

⑤ 评比：评比所记录各单元的时间，并决定每个单元的代表时间。

⑥ 宽放：决定操作最合适的宽放时间，其中包括私事、疲劳、程序、临时等宽放。

⑦ 标准时间：应明白地公开宣布，有关操作中的各项动作的时间均已订立并规定此时间为操作的标准时间。

（5）注塑成型周期改善

注塑成型周期如图7-1所示。

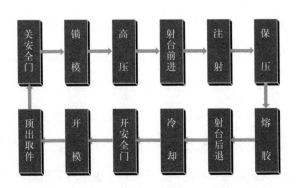

图7-1　注塑成型周期循环图

锁模动作一般经历高压慢速→高压快速→低压慢速→高压慢速几个过程，在不同的注塑机上，这几个过程控制是完全不同的。有一些注塑机锁模过程的压力油缸和速度油缸是分开的。众所周知，在充油孔的直径固定的状况下，油缸面积大，相同油液充入则活塞向前距离短，锁模慢，但由于面积大，锁模能产生更大的锁模力。在需要快速锁模时候用快速小油缸推进，在需要高压的时候用大油缸进行锁模，这在很多先进注塑机上是具有这个系统的。锁模的动作之间由距离来控制，但没有锁模闭环控制系统的注塑机（大部分的国产注塑机均如此），由于惯性作用，实际距离是不准确的，这就是有很多技术人员虽然调了低压锁模但感觉没起作用的原因。因为惯性使锁模的时候高压快速直接压过低压锁模距离，低压锁模没有发生就直接进行高压锁模动作了。这会使锁模时间缩短，但对安全不利，是要尽量避免的。在生产时要尽量减短时间，但不能以牺牲安全及设备模具保护来作为代价。所以锁模时间不能任意缩短，当然很多注塑机锁模过慢，毫无控制可言，则完全具有控制的必要。

射胶一般由位置控制，保压由压力控制，在进行射出时间和保压时间控制时，一般射出时间与速度控制有关，具体射出时间要看射出位置是否能切换，产品是否会出现外观缺陷，保压后产品是否有缩水、变形，尺寸是否超差等。有很多需要检测产品内应力的注塑，还要注意内应力产生问题。射出时间和保压时间太长，产品也可能出现故障，所以很多有经验的注塑技术人员都不会把时间拖得很长或缩得很短。

冷却时间控制在注塑控制中十分重要，长时间的冷却浪费时间，短时间冷却品质受损，因此确定一个合理的冷却时间就很有必要。在确定产品品质不会出现缺陷的状况下，先将冷却时间放到尽可能短（没有顶穿、顶白、顶高、产品出模变形），进行产品抽样测试，产品不会出现后收缩影响产品品质，测试模具温升情况，当模具温度平衡时再抽样测试，测试过的产品在24小时后再测试，产品若合格，则确定这个冷却时间作为极限冷却时间，生产时候比这个时间稍高0.5s以上，都不会发生品质故障。

有很多的注塑部，生产同样的产品，当计时时周期很长，而一开始计件，产品周期就变得很短，生产效率是以前的两倍都有可能。这说明在计时工作时候，周期设计完全不合理，浪费生产时间。

当然，生产新产品时，由于人员熟练程度及技术掌握还不够，周期没有那么高是正常的，在不断生产过程中生产周期改进也是很合理的事情，表明注塑工厂正在持续不断进步。但在管理生产时，第一步就要做到尽可能好，如果后面的改进空间还很大，我们似乎也要检讨工作能力。

（6）无效时间控制——机器稼动率改善

注塑机的工作时间控制的改进一般是由工程技术人员根据产品品质要求进行操作的，一个产品的注塑时间，在技术要求范围内基本是可控并可直接从注塑机本身测量到的。对于大部分的注塑工厂，保证注塑机一直工作并且生产合格品是一项艰难的工作，严格意义上来说，注塑机一直在工作和生产合格品是不可能实现的，可以接近这个理想境界，但现实中不可能达到。要接近这个理想境界，还需要进行机器稼动率校核和改善。

在前面第3章介绍了注塑工厂注塑机器稼动率的统计及管理办法，对于生产中诸如换模、换色、试作等的等待时间，都可以通过时间研究得出最合理的标准时间，进而对生产时间进行控制。

7.2　作业方法研究

作业方法研究利用科学的方法寻求最经济有效的作业手法，以求工作效率的提升，且使工作都轻松愉快。作业方法研究的主要目标是提高效益、减少误差、消除浪费。

（1）基本定义

将现行工作内隐藏的无效工作量与无效时间，设法予以取消，或尽可能予以减少，或改进作业办法，以使整个工作时间得以缩短，降低出错率，减少成本，提高效率，完成改善工作所希望的目标。

（2）作业方法研究的目的

1）品质

问题点：维持与提高品质。

活动的重点：减少不良的工作、减小离散度；减少因疏忽而引起的不合格品；减少初期的不合格品；减少品质的异常；减少赔偿请求；提高品质。

活动的结果：使工程处于安定状态；防止抱怨的再度发生；确实地遵守作业指导书；使管理点明确；依照管理图进行管理工程；标准化；提高信赖度；使管理制度化。

2）成本

问题点：降低成本。

活动的重点：削减经费；节约材料及零件支出；降低单价；缩短作业时间；活用时间。

活动的结果：减少工时；减少修正的次数；裁减人员；提高材料的利用率；提高设备的稼动率。

3）生产量

问题点：量的确保，遵守交货期限。

活动的重点：增加生产量；遵守交货期；减少库存；加强存货管理；改善配置；提高效率。

活动的结果：提高生产力；缩短作业时间；加强管理；改善工具；提高设备的稼动率。

4）士气

问题点：提高工作场所的气氛。

活动的重点：美化环境；提高上班率；配置请求适当；在快乐的气氛下进行QC；领域的活动；提高每一个人的能力；强化品质意识。

活动的结果：使改善提案具有弹性；创造快乐的工作环境；使小组工作圆满成功。

5）安全

问题点：确保安全。

活动的重点：确保工作场所的安全；确保自己本身的安全；减少意外事故。

活动的结果：整理及整顿；整理环境；加强安全管理。

（3）注塑作业方法研究

在长期实践过程中，广大工程技术人员通过不断研究，在工作手法的研究上成果卓越，如下所述。

① 使用机械手取件，使工作循环中开关门动作得以减免，最重要的是成型周期的人为因素消除，周期重复精度更高，能更进一步稳定成型工艺参数，从而使产品不良率进一步降低，合格率更高，生产效率得以提高。另外还可以减轻劳动强度，使生产更轻松。

② 增加特快锁模功能，使原来浪费在开锁模上的时间得以减少，从而减少成型周期时间。

③ 真空自动上料系统，将原来由员工上料的工作改为自动上料，节约体力，并可以使料斗内材料一直保持充满状态，干燥效果更好。

④ 模内贴标系统，将注塑后再印刷分两步进行的工作改到一步完成，提高了效率。

⑤ 注塑实时管控系统，这项研究主要将注塑成型的报表工作在设备上完成，现在还不成熟，但很有前景。报表工作由电脑完成，可减少员工工作量，提高准确

度，对工作无疑有很大促进作用。

以上是注塑成型研究者通过对注塑工作手法研究所做的改进，均已形成产品并创了巨大的价值。其实，作为注塑生产工厂本身，小小手法改进也可以起到巨大作用，以下是通过对注塑工厂手法研究制作的专用工具。

换模台车：使用方便、可靠，保护模具（防止损坏），减少托盘车的用量，降低成本，见图7-2。

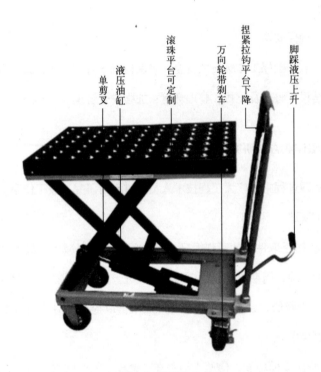

图7-2　换模台车

拉料车：无尖角，避免包装袋破损。

上、下模工具车：使用方便，减少找工具时间，见图7-3。

事实上，很多厂家开模时的一模多腔、玩具厂注塑部用的定型模也是对注塑手法研究的成果。近几年来，许多公司在研究机边水口料回收系统，它由一台低速粉碎机、一台真空上料机、装在主料斗边的水口料斗三部分组成，难点是无法精确掌握水口料与原料配合比例且二者难以混合到符合要求，产品颜色方面难以保证均匀

图7-3 上、下模工具车

一致，所以现在基本上都只在玩具业应用。

（4）作业方法研究遵循的原则

① 以省力轻松为原则。工作省力轻松，员工劳动强度就不会很大，对员工体力及精力要求就没那么高，疲劳及出错概率就没那么高，生产自然就会更顺利。例如有工厂生产一个25kg重面板，用水口剪处理水口要花很大力量，一个强壮男性每天工作下来都很辛苦，如果利用冲压机做个夹具来冲这个水口，那工作就变得很轻松，并且产品外观会更美观。

② 以产出大于付出为原则。照搬理论不一定适用现场工作，比如每一本讲注塑管理的书都会提到不合格品统计，但有的工厂就不适合直接统计每一个不合格品。有个玩具厂注塑部，其模具基本都是一模出十件以上的，产品质量大多在1~5g范围内，一个新空降来的注塑主管，想进行标准化作业，推行不合格品统计表，要求员工统计每一个不合格品缺陷，在实际操作中，员工为应付主管任务花了很多时间来统计不合格品，产量下降了，统计也不准确，到后来那份表完全成了注塑部的一个负担。这个注塑部为这项目付出很多，但没有得到实际回报，反而增加了很多麻烦，这说明不当的手法是会起反作用的。

③ 以降低成本为原则。现代工业生产已进入微利时代，降低成本比增加销售对企业利润影响更加显著，图7-4展现了成本与销售额的关系。

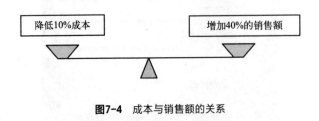

图7-4　成本与销售额的关系

原则上来说，只要不是生成产品售卖出去而被消耗掉的材料，都是损耗掉了的，绝对值应该为0。但实际生产损耗是不可能为0的，管理的目标就是使这个值尽可能向0靠近。

材料损耗成本是看得见的损耗，而还有看不见的损耗，也就是时间的损耗。这包括人工成本损耗、管理损耗、作业方法损耗、运输损耗等，这些是需要"慧眼"才能判别的损耗，在没改进时感觉正常，只有通过改进减少了损耗，才能感觉到这些成本的不正常。

④ 以消除重复工作为原则。重复性工作，大多数人一听都认为不可能，但生产中做的重复性工作却非常多，例如很多注塑部领班到仓库领料，搬到机边，又从机边搬到料房配料，配完料又搬回机边生产，生产中又将材料搬回料房混配水口料，又再拉回到机边上料生产，如此反复多次。有很多时候，因为生产的需要，我们都理所当然认可了这些重复的工作方式。大家都认为重复工作方式不好，但又不断做着这样的重复，只有具有"慧眼"的人通过对手法研究，才能进行调整，减少重复再重复的工作。

⑤ 以长期效益为原则。如前所述，机械手的利用一般充其量能省1～2s时间，有很多时候还根本不能省时间，且机械手价格一般都不便宜，这投资收回的可能性值得怀疑。但使用机械手的作用对长期的效益来说是显著的：首先，能节约时间，不同产品效果不同，有长有短，但总的来说是可以节约时间的，有些产品还可

以节约人手；其次，产品周期更稳定，产品质量更能满足要求；最后，公司整体形象得到提升。所以，机械手的使用还是值得投资的。图7-5为解决问题的管理循环过程。

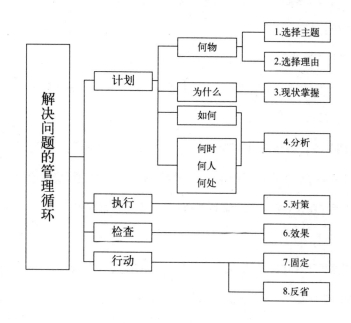

图7-5 解决问题的管理循环

以某光学公司导光板注塑机械手使用为例进行讲解。

主题：机械手。

选择理由：人工取件周期差异大，需要一个专人负责取件，导致机器的工作周期差异大，影响产品质量。

现状：导光板注塑时周期都在10s以内，取件需要一个专门的员工，并且因为材料温度在分解温度临界温度上（温度低，网点不饱和，并且需要更高模温和长周期，而高模温生产时网点也容易脱模拉坏），员工手慢的时候材料容易分解，产品合格率低。

分析：10台机安装机械手，投资增加30万，每个班可以减少10人，每天可以减少20名作业员工。

机械手初步考察了××牌机械手，现场观察该公司在其他工厂生产导光板的使用情况，效果不错，性价比高。

预计导光板生产不良率可以从目前的18%降低到1%。

对策：购买安装机械手设备，训练技术员使用机械手。

效果评价：

① 生产员工减少了20人，投资收回期8个月；

② 产品不良率从18%降低到3%，主要影响因素是对机械手使用不熟悉、压缩空气气压不足故障；

③ 周期并没有得到预期的降低，产品冷却时间周期8s无法再进一步降低，但周期重复性提高了，产品品质稳定，不会因周期不稳定而出现烧黄或缺胶现象；

④ 机械手有时感应不到，因此故障使产品不良时有发生。

行动：

① 更换空气压缩机，保证设备有0.5bar（50kPa）空气压力；

② 和机械手生产厂家沟通感应不良原因，解决因感应不良而造成产品不良的问题；

③ 所有产品生产必须利用机械手，不能因为使用机械手麻烦而拒绝使用。

7.3　零缺陷

7.3.1　概念

零缺陷管理简称ZD，亦称缺点预防，以抛弃"缺点难免论"、树立"无缺点"的观念为指导，要求生产者从一开始就本着严肃认真的态度把工作做得准确无误，在生产中根据产品的质量、成本与消耗、交货期等方面的要求来合理安排，而不是依靠事后的检验来纠正。被誉为全球质量管理大师、零缺陷之父的管理思想家克劳斯比，在20世纪60年代初就提出了零缺陷思想，并在美国推行零缺陷运动，后传至日本，在日本制造业中全面推广，使日本的制造业产品质量迅速提高，并且达到了世界级水平，继而扩大到工商业所有领域。零缺陷并不是说绝对没有缺陷，或缺陷绝对要等于零，而是指要以缺陷等于零为最终目标，每个人都要在自己的工作职责范围内努力做到无缺陷。

克劳斯比有一句名言："质量是免费的。"而之所以常常不能体会到这一点是由于没有"第一次就把事情做好"，产品不符合质量标准，从而形成了缺陷。因此，在质量管理中既要保证质量又要降低成本，其结合点是要求每一个人"第一次就把事情做好"，亦即人们在每一时刻、对每一作业都需满足工作过程的全部要求。只要这样，那些浪费在补救措施上的时间、金钱和精力都可以避免，这就是"质量是免费的"的含义。克劳斯比指明：狭义的产品质量只要符合标准即可，并不一定要追求零故障、零波动、零缺陷。事实上这种要求既无必要也无可能，如产品长度是33mm，注塑能做到千分之一误差也要付出非常高的成本。产品精度要视情况而定，否则会产生不经济的生产状态。而过程的工作质量要求却是零缺陷。在理解零缺陷时，必须注意产品质量与工作质量在概念上的区别：缺陷属过程工作质量的范畴，而产品质量不仅是由质量特性体现的，而且也是通过过程工作质量形成的。所以克劳斯比的零缺陷理论为六西格玛管理指明了工作方向。六西格玛管理的对象是过程的工作质量，因此，对过程要设计、调整、优化，第一次就把事情做好，使产品符合质量标准。

中国零缺陷管理专家杨钢认为，零缺陷管理思想体系可以总结为：一个核心、两个基本点和三个需要。

一个核心：第一次就把正确的事情做正确。

两个基本点：有用的和可信赖的。

三个需要：任何组织都要满足客户的需要、员工的需要和供应商的需要。

7.3.2　四个基本原则

原则一：质量即符合要求，而不是好。在零缺陷管理中，质量的定义是符合要求，而不是"好"。"好"是个模糊概念，并且不同时期不同的人对此理解不同，而符合要求就直接是指符合设计要求。

原则二：产生质量靠的是预防，不是检验。检验是在过程结束后把不符合要求的挑选出来，而不是促进改进。检验告知已发生的事情太迟，缺陷已经产生，不能产生符合项。预防发生在过程的设计阶段，包括沟通、计划、验证以及逐步消除出现不符合项的可能性。通过预防产生质量，要求资源的配置能保证工作正确完成，而不是把资源浪费在问题的查找和补救上面。

原则三：工作标准必须是零缺陷，而不是"差不多就好"。"差不多就好"指在某些时候满足要求，或者是每次都符合大部分要求而已，而零缺陷的工作标准，则意味着每一次和任何时候都要满足工作过程的全部要求。它是一种认真地符合我们所同意的要求的个人承诺。如果要让工作具有质量，则决不向不符合要求的情形妥协，要极力预防错误的发生，如此，顾客也就不会得到不符合要求的产品或服务了。这是零缺陷工作标准的重要意义。

原则四：质量要用"不合格"的代价来衡量，而不是依赖于某些抽象的指数。这类指数可能会掩盖不合格项目的真实情况，从而"软处理"了这些不合格项目。这种做法可能会导致管理层对问题的严重性缺乏足够认识，从而不会采取必要的行动来解决问题。而通过展示出不合格项目（如返工、退货、客户投诉处理等）所带来的货币价值损失，这些额外的成本可以被量化，并以货币的形式表现出来，从而使得管理层能够更清楚地看到质量问题所带来的直接经济损失。通过将"不合格"的代价转化为时间、人力和物力的直观损失，企业可以更加重视质量管理，采取积极的措施来减少不合格品的产生，提高整体的生产效率和产品质量。

零缺陷管理的核心是第一次就把正确的事情做正确，包含了三个层次：正确的事、正确地做事和第一次做正确。因此，第一次就把事情做对，三个因素缺一不可。如果将质量管理比作开车，首先控制系统必须是好的。要确保开车过程顺畅，还必须有良好的交通规则的支持，也就是保证体系必不可少。控制系统做得再好、质量手册编得再精美、通过的认证再多，但如果没有人执行，那所做的一切都是徒劳的。因此，公司的高层管理者必须认识到执行的重要性，必须确保质量经理确实是在"开车"，而并不仅仅是编制一些文件。许多注塑部门指导书、作业规程做得又多又系统，相应的处罚措施也做得很完全，但并没有切实地执行，编制的东西都成了摆设，失去其真正的意义了。

7.3.3　零缺陷理念

① 求全理想，即没有错误，一次性把事情完全做好。一般认为人总是要犯错误的，所以对于工作中的缺点和出现不合格品需持容忍态度，其实设立的事故率、次品率等，就是这种观念。求全理论并不是反对去统计事故率、次品率，而是要不断降低事故率、不良率。

② 每一个员工都是主角的观念。在日常的企业管理中，管理者是主角，他们决定着工作标准和内容，员工只能照章办事。零缺陷管理要求把每一个员工当作主角，认为只有全体员工都掌握了零缺陷的思想，人人想方设法消除工作缺陷，才会有真正的零缺陷运动，管理者则是帮助并赋予他们正确的工作动机。

③ 强调心理建设的观念。传统的经营管理方法侧重于技术处理，赋予员工以正确的工作方法。零缺陷管理则不同，它侧重于心理建设，赋予员工以无误地进行工作的动机。一般认为做工作的人具有复杂心理，如果没有无误地进行工作的愿望，工作方法再好，也不可能把工作做得完美无缺。

质量源于预防而非检验。预防措施在设计阶段就消除不符合标准的可能性，而检验仅在生产后识别问题。正确的资源配置应确保工作正确执行，而非用于问题补救。很多注塑领班把产品质量全寄托在IPQC（制程控制）身上，是绝对错误的观念。

7.3.4　零缺陷管理实施步骤

① 建立推行零缺陷管理的组织。事实上，注塑工厂组织架构都需要按完

全能预防缺陷产生来组织，如果中间一环缺少，生产产品质量是不可能得到保证的。

② 确定零缺陷管理的目标。确定零缺陷小组（或个人）在一定时期内所要达到的具体要求，包括确定目标项目、评价标准和目标值。在实施过程中，采用各种形式，将小组完成目标的进展情况及时公布，注意心理影响。

③ 进行绩效评价。小组确定的目标是否达到，要由小组自己评议，为此应明确小组的职责与权限。

④ 建立相应的提案制度。直接工作人员对于不属于自己主观因素造成的错误原因，如设备、工具、图纸等问题，可向领班及主管指出错误的原因，提出建议，也可附上与此有关的改进方案。领班或主管要同提案人一起进行研究和处理。

⑤ 建立表彰制度。无缺陷管理不是斥责错误者，而是表彰无缺陷者；不是指出缺陷，而是告诉人们向无缺陷的目标奋进。这就增强了员工消除缺陷的信心和责任感。

7.3.5 六西格玛原则

"σ" 是希腊字母，在统计学中用来表示标准差。在质量管理领域，西格玛水平用来描述过程的完美程度或质量水平。一般企业大多能做到3～4西格玛，以4西格玛而言，相当于每一百万个机会里有6210次误差。如果企业不断追求品质改进，达到6西格玛的程度，绩效就几近于完美地达成顾客要求，在一百万个机会里只找得出3～4个瑕疵。

六西格玛的主要原则如下。

① 真诚关心顾客。六西格玛把顾客放在第一位。例如在衡量部门或员工绩效时，必须站在顾客的角度思考。先了解顾客的需求是什么，再针对这些需求来设定企业目标，衡量绩效。

② 六西格玛是管理哲学。在推动六西格玛时，企业要真正能够获得巨大成效，

必须把六西格玛当成一种管理哲学。这个哲学里，有六个重要主旨，每项主旨背后都有很多工具和方法来支持。

③ 根据资料和事实管理。近年来，虽然知识管理渐渐受到重视，但是大多数企业仍然根据意见和假设来做决策。六西格玛的首要规则便是厘清要评定绩效，究竟应该要做哪些衡量，然后再运用资料分析，了解公司表现距离目标有多少差距。

④ 以流程为重。无论是设计产品，或提升顾客满意，六西格玛都把流程当作是通往成功的交通工具，是一种给顾客提供有价值的产品并提升自身竞争优势的方法。

⑤ 主动管理。企业必须时常主动去做那些一般公司常忽略的事情，例如：设定远大的目标，并不断检讨；设定明确的优先事项；强调防范而不是救火；常质疑"为什么要这么做"，而不是常说"我们都是这么做的"。

⑥ 协力合作无界限。改进公司内部各部门之间、公司和供货商之间、公司和顾客间的合作关系，可以为企业带来巨大的商机。六西格玛强调无界限的合作，让员工了解自己应该如何配合组织大方向，并衡量企业的流程中，各部门活动之间有什么关联性。

⑦ 追求完美，但同时容忍失败。在六西格玛企业中，员工不断追求一个能够提供较好服务、降低成本的方法。企业持续追求更完美，但也能接受或处理偶发的挫败，从错误中学习。

六西格玛推行步骤：DMAIC。

D——界定。界定核心流程和关键顾客，站在顾客的立场，找出对他们来说最重要的事项，也就是品质关键要素，厘清团队章程以及核心事业流程。

M——衡量。找出关键评量，就是要为流程中的瑕疵建立衡量基本步骤。人员必须接受基础概率与统计学的训练，学习统计分析软件与测量分析等课程。为了不造成员工沉重负担，不妨让具备六西格玛实际推行经验的人，带着新手一同接受训练，帮助新手克服困难。对于复杂的演算问题，可提供自动计算工具，减少复杂计算所需的时间。

A——分析。探究误差发生的根本原因。运用统计分析，检测影响结果的潜在变量，找出瑕疵发生的最重要根源。所运用的工具包含许多统计分析工具。

I——改善。找出最佳解决方案，然后拟定行动计划，确实执行。这个步骤需不断测试，看看改善方案是否真能发挥效用、减少错误。

C——控制。确保所做的改善能够持续下去。衡量不能中断，才能避免错误再度发生。在过去许多流程改善方案里，往往忽略了控制的观念；而在六西格玛中，控制是它能长期改善品质与成本的关键。

7.4　零库存

7.4.1　概念

零库存指物料（包括原材料、半成品和产成品）在采购、生产、销售等一个或多个经营环节中，不以仓库储存的形式存在，而均是处于周转的状态。也就是说零库存的关键在于适当不适当，这和是否拥有库存没有关系，问题的关键在于产品是存储还是周转的状态。

很多企业片面理解零库存就是不设库存。某一注塑机生产企业实行零库存管理，客户维修的零配件常需要半个月时间才能到位，使客户怨言较大。但该企业内有40多台基本生产完成的注塑机放在临时仓库，有的已经超过5年还没有处理，积压成本超过1000万元。这些注塑机是工程部在设计和检验注塑机性能时使用的，有些地方的配置和标准注塑机有细微区别，而大部分地方和标准注塑机没区别，很多配置都优于该公司的标准注塑机，但这批设备都放在那里生锈，即使在该公司因订单过多交货期赶不上的情况下，也没有考虑过整改这批机器来出货。

7.4.2 注塑生产现场的无效库存

注塑生产现场的无效库存见图7-6。

① 库房积压大量材料；

② 积压洗机料、试模用料；

图7-6 工作现场的无效库存

③ 积压包装材料；

④ 积压脱模剂、防锈剂等辅助生产用品；

⑤ 维修用注塑机零件库存过多；

⑥ 水口料库存过多；

⑦ 劳保用品库存过多。

7.4.3 零库存管理办法

有些材料，不库存是不可能的，例如一些需要国外进口的材料，采购期较长，消耗又大，不采取库存无法适应生产需求。零库存不是不允许库存，而是不鼓励库存，特别是库存成本远大于采购成本的状况下。而一些包装材料，就在附近采购，随采随到，根本没必要采取库存办法管理，库存只会增加成本而毫无用处。

塑料工厂适用以下几种库存管理方式。

看板方式。看板方式是准时方式中一种简单有效的方式，也称传票卡制度或卡片制度，是日本丰田公司首先采用的。在各工序之间，采用固定格式的卡片为凭证，由下一环节根据自己的节奏，逆生产流程方向，向上一环节指定供应，从而协调关系，做到准时同步。采用看板方式，有可能使供应库存实现零库存。

水龙头方式。是一种像拧开自来水管的水龙头就可以取水而无需自己保有库存的零库存形式。这是日本索尼公司首先采用的。这种方式经过一定时间的演进，已发展成即时供应制度，用户可以随时提出购入要求，采取需要多少就购入多少的方式，供货者以自己的库存和有效供应系统承担即时供应的责任，从而使用户实现零库存。适于这种供应形式实现零库存的物资，主要是工具及标准件。

7.4.4 适时盘点

零库存的宗旨是降低成本，成本包括生产成本和服务成本，为了追求零库存牺牲客户服务谈不上降低成本，零库存完全失去意义。在注塑生产现场管理中库存的问题很多，例如有的生产现场存了几十吨边角料，用找不到办法，卖又舍不得，一放多年也没人处理。有的注塑部买了多个泵放那里备用，到后来这些泵全部淘汰了，还没有派上用场。

所以，适时盘点工场物料、边角料、辅助生产用品、工具及备件，不断进行

5S活动，让材料和用品动起来，用以创造价值，这才是零缺陷管理的要义。

7.5　合理布局

7.5.1　概念

良好的生产现场布置，必须使人力、物料、设备能适当地配合，优化从原料输入、经加工制造至成品的搬运等一切有关程序，尽量减少等待、搬运的次数与距离，使工作的流程能顺利流畅。生产现场为结合人员、机器设备、物料及厂房的一种组合，如何设计一个最佳组合，应考量：

① 生产现场的规模及未来的发展；

② 组织形态；

③ 产品的制程；

④ 产品及物料的体积和重量；

⑤ 机器用量；

⑥ 水污染、噪声污染及空气污染的状况。

7.5.2　生产现场配置要点

① 员工生活区：如宿舍、食堂、休闲场所，尽可能配置在生产现场作业区以外的地方。

② 停车场：企业内职工用及访客洽谈公务用停车场（停放自行车、摩托车、小汽车、大卡车等）。

③ 绿化区：适当绿化不只美化环境，对员工的情绪也有调节作用。

④ 厂区通道：应考虑货物及机器设备进出的通道。

⑤ 办公行政区：因与外部的往来较多，应尽可能在厂区的前端。

⑥ 生产现场作业区：可分为厂内行政区、仓储区、生产区。

7.5.3　生产现场内布置分区

① 行政区：部门主管及助理人员。

② 通道：主通道宽2m左右，副通道宽1.5m左右。

③ 物料及完成品周转区：能放置一天用量的物料及完成品。

④ 作业区：应整齐配置，注塑机可考虑头对齐、中间对齐及尾对齐方式。

⑤ 辅助设备：对齐、固定位置。

⑥ 工具间：有固定地点。

7.5.4　生产现场实施设计目标

① 方便制造程序。

② 最小化物料搬运。

③ 维护管理与动作的弹性。

④ 维护在制品的高度周转。

⑤ 降低设备投资。

⑥ 经济化使用建筑物。

⑦ 促进人力的有效利用。

⑧ 提供员工方便、安全与舒适的作业环境。

7.5.5　生产线布置形式

① 程序布置，即同样式的机器或相同的程序设置于一处。

② 产品布置，即同一制品的机器，或制品中同一部分的机器，按照制造程序的顺序安置排列。

③ 群组布置，即相类似的某类工件，放在相同模具、相同夹具的工具群中按类似操作方法进行加工的一种工具群的布置方式。注塑部就是这种布局，它将50～3000t各种机型的设备摆放在同一空间，加工方法一样，模具均类似，所需

要工夹具大同小异。

7.5.6　工序分析

① 画出产品制作程序图，并对各工序进行分析，做消除、合并及简化。

② 根据定案的流程图考虑使用哪些机器设备。

③ 哪些工序需要哪些物料，物料如何供应。

④ 每个工序的标准产能（工时）设定。

⑤ 依标准产能计算所需人力、机器及场所空间。

⑥ 依订单的生产量来计算人力、机器及场所负荷。

7.5.7　布置原则

图7-7为合理布置的注塑车间。

① 短距离原则：工段与工段间、工序与工序间物料流动距离愈短愈好。

② 流畅原则（单流向原则）：物料流动路线尽量避免来回上下移动。

③ 固定循序原则：工作物料依事先制定的流程图流动，不可任意改动。

④ 分工原则：每一个作业员只分摊某一部分的工作。

⑤ 经济产量原则：需达到一定的经济产量。

⑥ 平衡原则：各工序要平衡，达到"行如流水"的效果。

⑦ 机器设备零故障原则：平时机器设备应依规定做好保养。

⑧ 舒适原则：照明、通风、气温应适宜，噪声、热气、粉尘、振动应隔离。

⑨ 空间应用原则：备用量、完成品移动快速，制程中不囤积半成品。

⑩ 弹性原则：容易变化或调整不同的产品。

⑪ 简化搬运原则：

a）尽可能使物料维持高度；

b）设计合适容器，以便成批搬运；

c）使搬运的距离最短；

图7-7　合理布置的注塑车间

d）利用重力滑运式递送；

e）多利用机械能力；

f）所有通道要畅通；

g）尽可能取消拿起、放下的动作；

h）不宜让技术人员从事搬运工作。

7.6　消除过度过量

过度生产包含两个方面的意思：一是指在产品上的多余加工，如多余的去飞边工作；二是指多余的动作，如生产停止，模温机依然在工作，机器电热系统还继续加温（见图7-8）。

图7-8　停机后油温机未关

在玩具企业发生多余的产品处理水口、飞边的现象比较多。一些装在产品内部的零件，外观上也要求把产品水口和飞边处理得非常漂亮才可以流入下一道工序。

过量生产即生产那些不准备马上使用或出售的部件。

例如一个5000套订单的零件生产需要经历如下工序：注塑→喷油→烫金→移印→装配。生产时考虑后工序向注塑下了6000套订单，等产品生产完多余了700套零件。这样的情况在企业不胜枚举，这也很难消除。

附　录

附录一　产品质量标准表

产品编号：			产品名称规格：			材料牌号：	
产品尺寸表	序号	尺寸公差	序号	尺寸公差		序号	尺寸公差
	1		5			9	
	2		6			10	
	3		7			11	
	4		8			12	

允许外观不良说明	不良因素	缺陷极限	不良因素	缺陷极限	成型要点

产品说明图

注塑工厂智能化系统管理

附录二　作业日报表

机号：　　　　机器吨位：　　　　　　　操作者：　　　　　日期：

时间	目标产量	实际产量	停机时间	原因	不合格品数量	不合格原因统计
8：00 ~ 10：00						
10：00 ~ 12：00						
12：00 ~ 14：00						
14：00 ~ 16：00						
A班小计						
16：00 ~ 18：00						
18：00 ~ 20：00						
20：00 ~ 22：00						
22：00 ~ 24：00						
B班小计						
24：00 ~ 2：00						
2：00 ~ 4：00						
4：00 ~ 6：00						
6：00 ~ 8：00						
C班小计						
A班作业问题点						
B班作业问题点						
C班作业问题点						

附录三　纠正和预防措施处理单

存在（潜在）不合格事实陈述及责任部门：   　　　　　　　　　　签名：　　　　　日期：
原因分析：   　　　　　　　　　　责任部门负责人：　　　　　日期：
拟采取的纠正（预防）措施：   　　责任部门负责人：　　　日期：　　　管理者代表：　　　　日期：
完成情况：   　　　　　　　　　　责任部门负责人：　　　　　日期：
验证结果：   　　　　　　　　　　验证部门：　　　　　日期：
备注：

注塑工厂智能化系统管理

附录四 注塑生产排程表

机号	模具名称	模具编号	零件名称	零件编号	材料	材料定额	总数量	定额产量	完成工时

注：1.标准换模时间60分钟。

2.标准换色时间30分钟。

3.机器故障时间必须由维修部确认，超过30分钟必须书面报告。

4.因品质确认、品质故障造成时间损失需QC部确认。

附录五 注射成型工艺参数表

日期 : ＿＿＿年＿＿＿月＿＿＿日　　　　　　制订 : ＿＿＿＿＿＿＿＿＿

批准 : ＿＿＿＿＿＿＿＿＿＿＿＿　　　　　　版本 : ＿＿＿＿＿＿＿＿

机台资料

机器型号	螺杆直径/专用备注	机台编号	特别说明

产品资料

产品名称	模具编号	塑料材料	出模数	浇口形式
颜色	投影面积	流长比	产品重量	最小厚度

成型工艺参数

温度/℃	射嘴1段		料温2段	料温3段	料温4段	料温5段		料温6段		料温7段
	干燥温度/小时		前模温度	后模温度	热流道/主	1	2	3	4	5	6

射胶		射1	射2	射3	射4	射5	保1	保2	保3
	压力								
	速度								
	时间								
	位置			充填终止位置/mm :					

熔胶	终止位置	抽胶行程	背压	转速/ (r/min)	设定压力	设定速度

锁模	锁模高压/（压力表读数, bar[①]）:			开模距离/mm :		

时间/s	周期	冷却（射胶后）	熔胶	射胶	保压	低压	高压

模具冷却水简图	前模	后模	作业问题点 :

① 1bar=10^5Pa。

附录六 设备机械稼动率统计表

时间		1	2	3	4	5	6	7	8	9	10	11	12	13	14	15	16	17	18	19	20	21	22	23	24	25	26	27	28	29	30	31
日班	设备运转时间																															
	停机时间																															
	换模时间																															
	换色时间																															
	调试时间																															
	坏机时间																															
	坏模时间																															
	保养时间																															
	品质故障																															
	无排期																															
	日班稼动率																															
夜班	设备运转时间																															
	停机时间																															
	换模时间																															
	换色时间																															
	调试时间																															
	坏机时间																															
	坏模时间																															
	保养时间																															
	品质故障																															
	无排期																															
	夜班稼动率																															
日班问题点																																
夜班问题点																																

附录七　注塑机保养点检表

日期：_____年___月___日　　　　　　　　　　设备名称：_____
单位：_____　　　　车间：_____　　　　　　设备编号：_____

检查类别	序号	保养点检项目	1	2	3	4	5	6	7	8	9	10	11	12	13	14	15	16	17	18	19	20	21	22	23	24	25	26	27	28	29	30	31
每日	1	检查机器所有安全装置																																
	2	电机运转是否正常																																
	3	料管温度是否正常																																
	4	锁模是否正常																																
	5	射胶压力是否正常																																
	6	背压使用是否正常																																
	7	润滑部分是否正常																																
	8	调模是否正常																																
	9	润滑路系统是否正常																																
	10	模具是否清洗保养																																
		点检人签章																																
		确认人签章																																
每周	1	液压油是否有气泡																																
	2	油箱过滤是否正常																																
	3	熔胶筒树脂清除																																
	4	润滑部分加黄油																																
		点检人签章																																
		确认人签章																																
每月	1	检查或更换液压油																																
	2	冷却系统检查维护																																
	3	机器参数数值检测																																
		保养人签章																																
		确认人签章																																
代号说明		正：维好良好　Y：良好　M：尚可使用　N：无法使用																									维修次数							

附录八 某公司注塑部上、下模作业指引

一、培训对象

注塑部全体上、下模技工。

二、岗位职责

塑料模具的上、下。

三、操作指引及工作要求

上模部分：

1.接到生产通知卡后挂好"转模"牌，在模具存放区找出对应的生产模具，并在模具领用手册上记录签名。

2.检查注塑机有无异常，以及模具的长、宽、厚是否小于机器容模尺寸。

3.检查顶杆与模具是否一致。

4.用对应型号的吊环吊模，并用风枪检查模具运水通路是否通畅，以及确认模具运水（运油）方向。

5.装好铜嘴，并用水管（油管）搭好连接管（注意：按最新一份成型参数设定表进行装水/油，若为新模则找组长、领班决定），以免装好模后，狭小空间造成装铜嘴、搭管困难。

6.吊运模具时注意拉链、吊钩等工具不要碰伤机器的零件设备，如电脑屏幕、开关等。

7.吊运模具到注塑机动定模板中心位置，低压调模至合适位置。

8.对嘴（使射嘴与模嘴处于一条直线上），用少许薄纸片测试是否对正，直到成功为止。

9.打紧码模夹（马仔）：拧打紧码模夹（马仔），拧螺钉进入模板螺孔，深

度应为：$X \geq D \times 1.5$（X= 螺钉入孔深度，D= 螺钉直径）。一般常用 16mm 或 18mm 螺钉，则这说明 16mm 螺钉最少要拧进 24mm 深度，18mm 螺钉最少要拧进 27mm 深度，若少于规定深度，会造成模具安装不安全导致螺钉滑牙。

10.装上水管（油管），打开闸门，检查管是否通、是否有漏水（油）现象。

11.顶针长度调整至最短，待相关人员开模后，再确认产品顶出所需长度、速度、压力。

12.调好开模位置、速度、压力，一般为慢—快—慢—终止，调好机械安全杆。

13.调好锁模压力、速度和低压低速位置，使模具在锁模过程中以慢—快—慢（低压保护）高压的状态进行。

14.调模完成，检查低压保护在注塑时能否起到保护模具作用并锁好。

15.收拾工具，清理干净机位，通知相关人员开始生产，并在上、落模手册记录。

下模部分：

1.接到通知后挂好"转模"牌，关掉水（油）闸，松开机边水管（油温机油管），用胶盆接住水（油）管，用风枪吹掉另一头水（油）管，使模内运水通道所残留余水（油）被吹净，并拆掉水（油）管。

2.当生产中的模具运水是冻水时，应在接到转模通知后，先关掉冻水开关，松开冻水管，用盆接住水管，用风枪吹掉另一头水管，吹干净模具残余冻水并拆掉水管，再注塑几次，把模具温度升到约高于室温。

3.清理模内残留胶丝、油污及其他杂物，并均匀喷上防锈油（白色透明的产品模具喷上透明防锈油，其他颜色的产品可喷上一般防锈油）。

4.取对应的吊环吊紧模具，必要的情况下，要用布吊带把前后模扎紧，以免开模时前后模分开，造成事故。

5.吊模时应注意拉链、吊钩及模具，不要碰伤机器的零件设备，如电脑屏幕、开关等。

6.吊模出机处，取下铜嘴，并再次用风枪吹掉运水通路中残存水（油），以免留在模内造成堵塞。

7.再用风枪及碎布清理模外，如清除顶针处杂物并喷上防锈油（主要是装冻水的模具），运至指定位置存放保管，并在上、落模手册及模具领用手册上记录。

8.收拾工具，清理干净机位，关掉电机，挂上"停用"牌之后通知相关人员。

四、行为规范

1.严格遵守厂的各项规章制度。

2.必须服从上司的工作安排。

3.把"5S"工作习惯化。

参考文献

[1] 梁明昌. 注塑成型工艺技术与生产管理. 2版. 北京：化学工业出版社，2024.

[2] 苏哈斯·库尔卡尼. 科学注塑——稳健成型工艺开发的理论与实践（原著第2版）. 王道远，高煌，赵唐静，等译. 北京：化学工业出版社，2022.

[3] 加里·席勒. 科学注塑实战指南. 王道远，赵唐静，王晓东，译. 北京：化学工业出版社，2020.

[4] 梁明昌. 注塑成型工艺技术与生产管理. 北京：化学工业出版社，2014.

[5] 李青，蔡恒志，曹阳. 注塑机辅助设备应用. 北京：化学工业出版社，2013.

[6] 赵勤勇，曹阳，蔡恒志. 注塑生产现场管理手册. 北京：化学工业出版社，2011.

注塑工厂智能化系统管理